합격을 결정짓는

정석진 필수서

부동산세법 2차

박문각 공인중개사

브랜드만족 1위 박문각

2025

근거자료 별면표기

이 책의 차례

CHAPTER
03

취득세

이 책의 차례

CHAPTER
04

등록면허세

CHAPTER
05

재산세

종합부동산세

조세총론

이 책의 **활용법**

일러스트

01

복잡하고 이해하기 어려운 이론을 일러스트로 정리하여 알기 쉽고 재미있게 학습할 수 있도록 하였습니다.

이론정리

02

각 단원의 중요내용을 엄선하여 놓치지 않고 공부할 수 있도록 체계적으로 정리·구성하여 단시간 내에 효율적인 학습이 가능하도록 하였습니다.

04-4 미등기양도

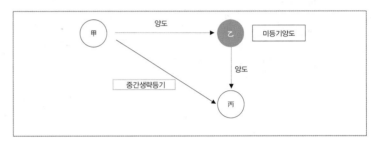

(1) 미등기양도자산

토지·건물 및 부동산에 관한 권리를 취득한 자가 그 자산 취득에 관한 등기를 하지 아니하고 양도하는 것

(2) 미등기양도자산에 대한 규제

① **비과세와 감면**: 배제

② **필요경비개산공제**: 0.3%

③ **장기보유특별공제와 양도소득기본공제**: 배제(양도차익 = 양도소득금액 = 과세표준)

④ **세율**: 70%

(3) 미등기양도제외자산의 범위

① 장기할부조건으로 취득한 자산으로서 그 계약조건에 의하여 양도당시 그 자산의 취득에 관한 등기가 불가능한 자산

② 법률의 규정 또는 법원의 결정에 의하여 양도당시 그 자산의 취득에 관한 등기가 불가능한 자산

③ 비과세요건을 충족한 교환·분합하는 농지, 감면요건을 충족한 자경농지 및 대토하는 농지

④ 비과세요건을 충족한 1세대 1주택으로서 「건축법」에 따른 건축허가를 받지 아니하여 등기가 불가능한 자산

⑤ 「도시개발법」에 따른 도시개발사업이 종료되지 아니하여 토지 취득등기를 하지 아니하고 양도하는 토지

⑥ 건설사업자가 「도시개발법」에 따라 공사용역 대가로 취득한 체비지를 토지구획환지처분공고 전에 양도하는 토지

2025 정석진 필수서

최근 10개년 기출문제 중 2번 이상 출제한 지문

01 미등기양도자산의 양도소득금액 계산시 장기보유특별공제를 적용할 수 있다. (×)

28회, 29회, 32회

02 미등기양도자산의 양도소득금액 계산시 양도소득기본공제를 적용할 수 있다. (×) 29회, 32회

03 미등기양도자산은 양도소득세 산출세액에 100분의 70을 곱한 금액을 양도소득 결정세액에 더한다. (×)

29회, 32회

04 미등기양도자산인 상가건물의 양도소득세율은 양도소득 과세표준의 100분의 70이다. (○)

29회, 32회

05 법원의 결정에 의하여 양도 당시 취득에 관한 등기가 불가능한 미등기주택은 양도소득세 비과세가 배제되는 미등기양도자산에 해당하지 않는다. (○)

27회, 32회

06 건설사업자가 「도시개발법」에 따라 공사용역 대가로 취득한 체비지를 토지구획환지처분공고 전에 양도하는 토지는 미등기양도자산에 해당하지 않는다. (○) 29회, 34회

07 「도시개발법」에 따른 도시개발사업이 종료되지 아니하여 토지 취득등기를 하지 아니하고 양도하는 토지는 미등기양도제외자산이다. (○) 32회, 34회

08 「도시개발법」에 따른 도시개발사업이 종료되지 아니하여 토지 취득등기를 하지 아니하고 양도하는 토지는 양도소득세 비과세가 배제되는 미등기양도자산에 해당하지 않는다. (○) 32회, 34회

03

기출지문

최근 10개년 기출문제 중 출제 가능성이 높은 2번 이상 출제한 지문들을 엄선하여 OX 형식으로 구성하였습니다.

부동산세법

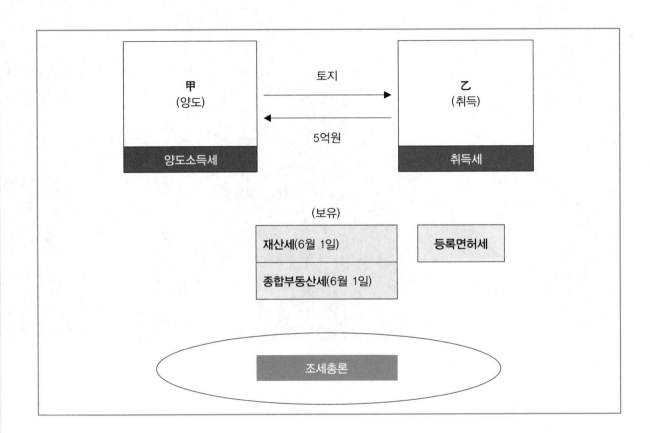

세목별 출제 경향

구 분	2019년 (제30회)	2020년 (제31회)	2021년 (제32회)	2022년 (제33회)	2023년 (제34회)	2024년 (제35회)	2025년 (제36회) 예상
조세총론	3	1	2	2	2	2	2
취득세	3	1.5	2	2	2	3	2
등록면허세	1	2.5	1	1	2	−	1
재산세	3	3	2.5	2	2	3	3
지방소득세	−	−	−	−	−	−	−
지역자원시설세	−	1	−	−	−	−	−
종합부동산세	1	1	2.5	2	2	2	2
소득세(임대업)	−	1	−	2	1	1	1
양도소득세	5	5	6	5	5	5	5
합 계	16	16	16	16	16	16	16

01 소득의 구분

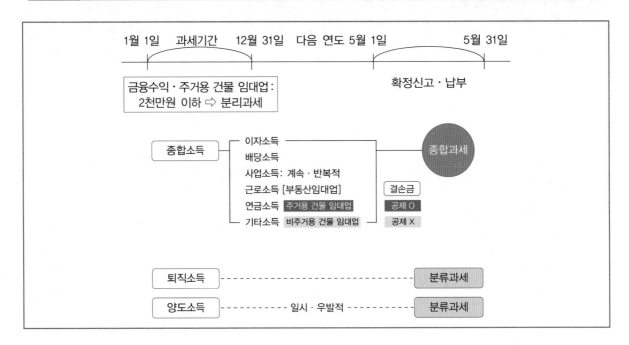

참고 소득세

1. 국세 2. 개인 3. 확정 : 신고납세제도

용어

1. 종합과세

종합소득인 이자소득, 배당소득, 사업소득, 근로소득, 연금소득, 기타소득을 1년 단위로 합산하여 과세하는 방법이다.

2. 분류과세

종합소득에 합산하지 않고 그 종류별로 구분하여 별도로 과세하는 방식으로 퇴직소득, 양도소득이 이에 속한다.

3. 분리과세(국세) = 특별징수(지방세)

종합소득 과세표준을 계산할 때 합산하지 아니하고 그 소득이 지급될 때 소득세를 원천징수하는 것을 말한다.

사례

이 자	1,000,000원	
소득세(14%)	140,000원	국세(원천징수)
지방소득세(1.4%)	14,000원	지방세(특별징수)
	846,000원	

01-1 소득세 계산구조

	총수입금액
−	필요경비
=	소득금액 cf (−): 결손금
−	소득공제
=	과세표준
×	세 율
=	산출세액
−	세액감면
	세액공제
=	결정세액
+	가산세
=	총결정세액
−	기납부세액
=	차감납부할세액

종합소득 6가지 종류별로 계산한 후 합산

중간예납세액, 원천납부세액

02 납세의무자, 납세지

구 분	개 념	납세의무의 범위
거주자	국내에 주소를 두거나 1과세기간 중 183일 이상 거소를 둔 개인	① (국내원천소득 + 국외원천소득) ② 무제한 납세의무 ③ 납세지: 사람 주소지 관할 세무서
비거주자	거주자가 아닌 개인	① (국내원천소득) cf 국외 × ② 제한 납세의무 ③ 납세지: 국내 사업장의 소재지 관할 세무서

① **국외자산양도에 대한 양도소득세**: 거주자(5년 이상 국내에 주소 또는 거소)

② 공동으로 소유한 자산에 대한 양도소득금액을 계산하는 경우에는 해당 자산을 공동으로 소유하는 각 거주자가 납세의무를 진다(연대납세의무 ×).

최근 10개년 기출문제 중 2번 이상 출제한 지문

01 주거용 건물 임대업에서 발생한 결손금은 종합소득 과세표준을 계산할 때 공제한다. (○)

28회, 31회, 33회, 35회

02 해당 과세기간의 주거용 건물 임대업을 제외한 부동산임대업에서 발생한 결손금은 그 과세기간의 종합소득과세표준을 계산할 때 공제한다. (×)

28회, 31회, 33회, 35회

03 사업소득에 부동산임대업에서 발생한 소득이 포함되어 있는 사업자는 그 소득별로 구분하여 회계처리하여야 한다. (○)

33회, 35회

04 사업소득에 부동산임대업에서 발생한 소득이 포함되어 있는 사업자는 그 소득별로 구분하지 않고 회계처리하여야 한다. (×)

33회, 35회

05 해당 과세기간의 종합소득금액이 있는 거주자(종합소득과세표준이 없거나 결손금이 있는 거주자를 포함한다)는 그 종합소득 과세표준을 그 과세기간의 다음 연도 5월 1일부터 5월 31일까지 대통령령으로 정하는 바에 따라 납세지 관할 세무서장에게 신고하여야 하며, 해당 과세기간에 분리과세 주택임대소득이 있는 경우에도 이를 적용한다. (○)

33회, 35회

06 해당 과세기간에 분리과세 주택임대소득이 있는 거주자(종합소득과세표준이 없거나 결손금이 있는 거주자 포함)는 그 종합소득 과세표준을 그 과세기간의 다음 연도 5월 1일부터 5월 31일까지 신고하여야 한다. (○)

33회, 35회

MEMO

03 부동산임대업 ⇨ 종합소득 중 '사업소득'

1 부동산임대업의 범위

부동산(미등기 부동산 포함) 또는 부동산상의 권리(전세권·임차권)를 대여하는 사업

(1) 부동산에는 미등기 부동산을 포함

(2) 지역권·지상권을 설정하거나 대여함으로써 발생하는 소득 ⇨ 사업소득

> **cf** 다만, 「공익사업을 위한 토지 등의 취득 및 보상에 관한 법률」 제4조에 따른 공익사업과 관련하여 지역권·지상권(지하 또는 공중에 설정된 권리를 포함한다)을 설정하거나 대여함으로써 발생하는 소득은 제외한다. ⇨ 기타소득

2 비과세 사업소득

(1) 논·밭의 임대소득 : 논·밭을 작물 생산에 이용하게 함으로써 발생하는 소득

(2) 주택 임대소득

① 금액에 관계없이 비과세	1개의 주택을 소유하는 자의 주택임대소득
② 과 세	㉠ 1개의 주택을 소유하는 자의 주택임대소득 　📖 예 외 　　ⓐ 고가주택(과세기간 종료일 기준으로 기준시가 12억원 초과) 　　ⓑ 국외에 소재하는 주택의 임대소득
	㉡ 2개 이상의 주택을 소유하는 자의 주택임대소득

📖 **주택 수의 계산**

① 다가구주택 : 1개의 주택 **cf** 구분등기 ⇨ 각각을 1개의 주택으로

② 공동소유의 주택 : 지분이 가장 큰 자의 소유로 계산

> **(비교) 공동소유의 주택**
> ㉠ 부동산임대업 : 지분이 가장 큰 자의 소유로 계산
> ㉡ 양도세(= 종합부동산세) : 각각(각자)

③ 전대, 전전세 : 임차인 또는 전세받은 자의 주택으로 계산

④ 본인과 배우자 : 합산

> **(비교) 고가주택과 고급주택**
> 1. 고가주택
> 　① 부동산임대업(사업소득) : 과세기간 종료일 기준으로 기준시가 12억원 초과
> 　② 양도소득세 : 양도 당시 실지거래가액의 합계액이 12억원 초과
> 2. 고급주택 : 법정 요건을 충족하는 것
> 　① 취득세 : 중과세 ○ ⇨ 사치성재산(표준세율 + 8%)
> 　② 재산세 : 중과세 × ⇨ 일반주택과 동일한 세율

3 부동산임대업의 소득금액 계산

부동산임대업의 소득금액 = 총수입금액(임대료 + <u>간주임대료</u>) − 필요경비
① 임대료 : 월세
② 간주임대료 : 보증금·전세금에 대한 이자상당액

총수입금액(임내료 + 간수임대료) − 필요경비(소송비용, 감가상각비, 현재가치할인차금상각액) = 소득금액 ☑ (−) : 결손금	양도기액 − 취득가액 − 기타필요경비 = 양도차익

☑ (주택)에 대한 간주임대료

(1) **원칙 : 간주임대료 ×**

(2) **예외 : 간주임대료 ○**

and (동시 충족)	① 3주택 이상
	② 보증금 합계액이 3억원 초과

📖 주택 수에 포함×(소형주택) (2026년 12월 31일까지)

and (동시 충족)	㉠ 전용면적 40m² 이하
	㉡ 기준시가 2억원 이하

사례 상가 임대

> 1. 보증금 : 100,000,000원
> 2. 월세 : 1,000,000원
> 3. 임대기간 : 1월 1일 ~ 12월 31일

(1) 임대료 : 1,000,000원×12월 = 12,000,000원
(2) 간주임대료 : 100,000,000원×2.9% = 2,900,000원
　① 보증금·전세금에 대한 이자상당액
　② 금융수익(수입이자와 할인료, 수입배당금)을 차감 ☑ 유가증권처분이익은 금융수익 ×
(3) 총수입금액(임대료+간주임대료) = 14,900,000원

> **'소규모 임대소득자'의 주택임대소득에 대한 과세방법**
> ⇨ 해당 과세기간에 주거용 건물임대업에서 발생한 수입금액의 합계액이 2천만원 이하인 자

1. 2014년 1월 1일~2018년 12월 31일까지 발생하는 주택임대소득 : 비과세

해당 과세기간에 주거용 건물임대업에서 발생한 총수입금액의 합계액이 2천만원 이하인 자(소규모 임대소득자)의 주택임대소득에 대해서는 소득세를 과세하지 않는다[소법 12 ② (나), 소령8의2 ⑥].

2. 2019년 1월 1일 이후에 발생하는 주택임대소득 : 분리과세

해당 과세기간에 주거용 건물임대업에서 발생한 총수입금액의 합계액이 2천만원 이하인 자(소규모 임대소득자)의 주택임대소득('분리과세 주택임대소득'이라 한다)은 종합소득과세표준에 합산하지 않는다[소법 14 ③ (7)].

(1) 분리과세 주택임대소득이 있는 거주자의 종합소득 결정세액(소법 64의2 ①, 소령 122의2)

> **종합소득 결정세액 : ① 또는 ② 중 선택**
> ① [분리과세 주택임대소득에 대한 사업소득금액(주1) − 400만원(주2)] × 14% + 그 외의 종합소득 결정세액
>   (주1) 분리과세 주택임대소득에 대한 사업소득금액 = 총수입금액 − 총수입금액 × 60%
>   (주2) 분리과세 주택임대소득을 제외한 해당 과세기간의 종합소득금액이 2천만원 이하인 경우에는 400만원을 공제한다.
> ② 분리과세 주택임대소득을 종합소득과세표준에 합산할 경우 종합소득 결정세액

(2) 해당 과세기간에 분리과세 주택임대소득이 있는 경우에도 종합소득과세표준 확정신고를 하여야 한다(소법 70 ②).

▌ 최근 10개년 기출문제 중 2번 이상 출제한 지문

01 「공익사업을 위한 토지 등의 취득 및 보상에 관한 법률」 제4조에 따른 공익사업과 관련하여 지역권을 설정함으로써 발생하는 소득은 부동산업에서 발생하는 소득에 해당한다. (×)
28회, 31회, 35회

02 「공익사업을 위한 토지 등의 취득 및 보상에 관한 법률」에 따른 공익사업과 관련하여 지역권을 대여함으로써 발생하는 소득은 부동산업에서 발생하는 소득으로 한다. (×)
28회, 31회, 35회

03 임대보증금의 간주임대료를 계산하는 과정에서 금융수익을 차감할 때 그 금융수익은 수입이자와 할인료, 수입배당금, 유가증권처분이익으로 한다. (×)
28회, 33회

04 3주택(주택 수에 포함되지 않는 주택 제외) 이상을 소유한 거주자가 주택과 주택부수토지를 임대(주택부수토지만 임대하는 경우 제외)한 경우에는 법령으로 정하는 바에 따라 계산한 금액(간주임대료)을 총수입금액에 산입한다. (×)
33회, 34회

05 간주임대료 계산시 3주택 이상 여부 판정에 있어 주택 수에 포함되지 않는 주택이란 주거의 용도로만 쓰이는 면적이 1호 또는 1세대당 40m² 이하인 주택으로서 해당 과세기간의 기준시가가 2억원 이하인 주택을 말한다. (○)
33회, 34회

양도소득세

01 양도의 정의

1 양도의 정의 : "사실상 유상 이전"

"양도"란 자산에 대한 등기 또는 등록과 관계없이 매도, 교환, 법인에 대한 현물출자 등을 통하여 그 자산을 유상(有償)으로 사실상 이전하는 것을 말한다.

2 양도의 형태

양도로 보는 경우	양도로 보지 아니하는 경우
① 매도 ② 교환(유상) ③ 현물출자 ④ 대물변제 　㉠ 재산분할청구 : 양도 ×, 증여 × 　㉡ 부동산으로 위자료를 대물변제하는 경우 : 　　양도 ○ ⑤ 부담부증여 　㉠ 수증자가 인수한 채무상당액 : 양도 ○ 　　ⓐ 증여자 : 양도세 　　ⓑ 수증자 : 증여세, 취득세 　　　• 채무액 : 유상 　　　• 채무액을 제외한 나머지 부분 : 무상 　㉡ 배우자 · 직계존비속 간 : 증여추정 　　ⓐ 증여자 : × 　　ⓑ 수증자 : 증여세, 취득세(무상) 　　　cf 양도 : 채무액이 객관적으로 인정되 　　　는 경우 ⑥ 수용 ⑦ 공매, 경매 　cf 자기가 재취득 : 양도 ×	① 무상이전 : 상속, 증여 ② 환지처분 및 보류지 충당 　㉠ 환지받은 토지, 보류지를 양도한 경우 : 　　양도 ○ 　㉡ 환지청산금을 교부받는 부분 : 양도 ○ ③ 지적경계선 변경을 위한 토지의 교환 ④ 양도담보 　㉠ 양도담보 제공시 : 양도 × 　㉡ 채무불이행시 : 양도 ○ ⑤ 공유물의 분할(단순 분할) 　㉠ 지분증가 : 취득 　㉡ 지분감소 : 양도 ⑥ 소유권환원(매매원인 무효의 소) ⑦ 신탁 · 신탁해지 ⑧ 배우자 · 직계존비속 간의 양도 : 증여추정 　cf 양도(＝유상취득) 　㉠ 공매(경매) 　㉡ 파산선고 　㉢ 교 환 　㉣ 대가를 지급한 사실이 증명되는 경우

3 양도로 보는 경우

① 매매

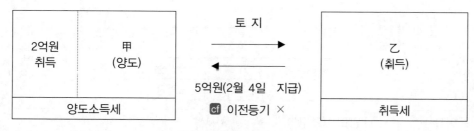

② 교환(유상)

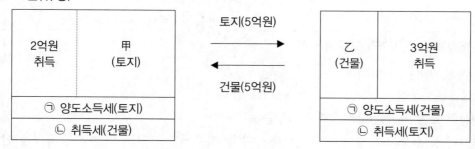

③ 현물출자

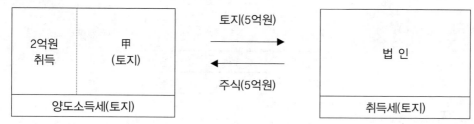

④ 대물변제

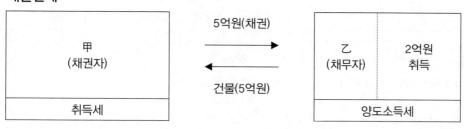

이 혼	① 재산분할 청구 : 양도 ✕ cf 취득세 ○(표준세율 − 2%)
	② 위자료 청구 : 양도 ○(∵대물변제) cf 취득세 ○

⑤ **부담부증여(負擔附贈與)**

㉠ 배우자·직계존비속 이외의 자 간 부담부증여 : 수증자가 인수한 채무상당액(양도 ○)

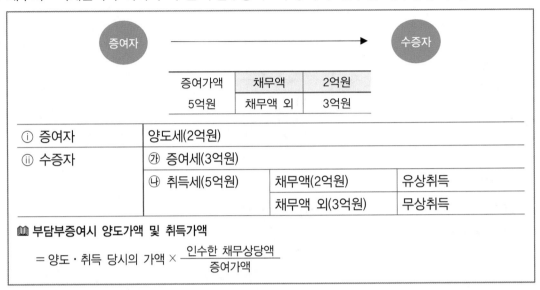

증여가액	채무액	2억원
5억원	채무액 외	3억원

ⅰ 증여자	양도세(2억원)		
ⅱ 수증자	㉮ 증여세(3억원)		
	㉯ 취득세(5억원)	채무액(2억원)	유상취득
		채무액 외(3억원)	무상취득

📖 **부담부증여시 양도가액 및 취득가액**

$$= 양도 \cdot 취득\ 당시의\ 가액 \times \frac{인수한\ 채무상당액}{증여가액}$$

㉡ 배우자 간 또는 직계존비속 간의 부담부증여

ⓐ 증여추정(수증자가 증여자의 채무를 인수한 경우에도 그 채무액은 수증자에게 인수되지 아니한 것으로 추정한다)

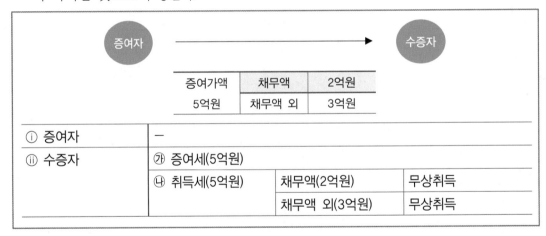

증여가액	채무액	2억원
5억원	채무액 외	3억원

ⅰ 증여자	−		
ⅱ 수증자	㉮ 증여세(5억원)		
	㉯ 취득세(5억원)	채무액(2억원)	무상취득
		채무액 외(3억원)	무상취득

ⓑ 양도 : 채무액이 객관적으로 인정되는 경우

📖 배우자·직계존비속 이외의 자 간 부담부증여와 동일

⑥ 수 용

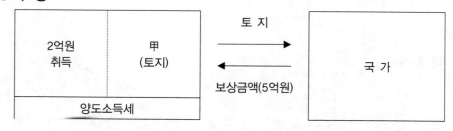

⑦ 공매, 경매

cf 자기가 재취득 : 양도 ×

4 양도로 보지 아니하는 경우

① **무상이전**: 상속, 증여
② **환지처분 및 보류지 충당**

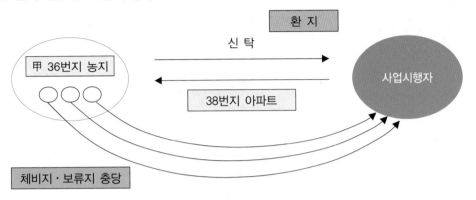

③ **지적경계선 변경을 위한 토지의 교환**
④ **양도담보**

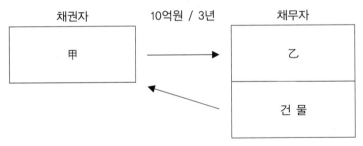

　㉠ 양도담보 제공시: 양도 ×
　㉡ 채무불이행시: 양도 ○

⑤ **공유물의 분할**(단순 분할)

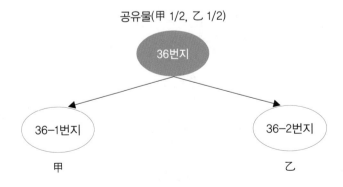

⑥ **소유권환원**(매매원인 무효의 소)

⑦ **신탁 · 신탁해지**

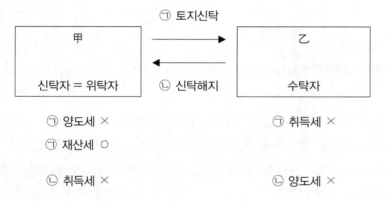

    ㉠ 양도세 ×   ㉠ 취득세 ×

    ㉠ 재산세 ○

    ㉡ 취득세 ×   ㉡ 양도세 ×

⑧ **배우자 · 직계존비속 간의 양도**

  ㉠ 증여추정(= 무상취득)

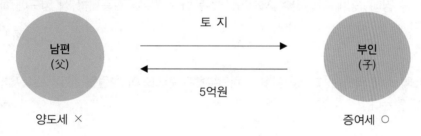

  ㉡ 양도(= 유상취득)

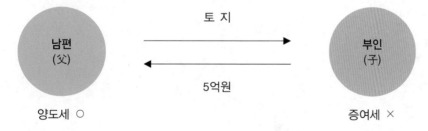

    cf 양도(= 유상취득)

      ⓐ 공매(경매)

      ⓑ 파산선고

      ⓒ 교 환

      ⓓ 대가를 지급한 사실이 증명되는 경우

최근 10개년 기출문제 중 2번 이상 출제한 지문

01 부동산의 취득은 「민법」 등 관계 법령에 따른 등기를 하지 아니한 경우라도 사실상 취득하면 취득한 것으로 본다. (○)   27회, 32회, 34회

02 직계비속이 권리의 이전에 등기가 필요한 직계존속의 부동산을 서로 교환한 경우 무상으로 취득한 것으로 본다. (×)   27회, 32회

03 부담부증여시 그 증여가액 중 채무액에 해당하는 부분을 제외한 부분은 「소득세법」상 양도에 해당하지 않는다. (○)   26회, 28회, 30회, 32회, 34회

04 형제자매인 증여자의 채무를 인수하는 부동산의 부담부증여의 경우에는 그 채무액에 상당하는 부분은 부동산을 유상으로 취득하는 것으로 본다. (○)   26회, 28회, 30회, 32회, 34회

05 배우자 간 부담부증여로서 수증자에게 인수되지 아니한 것으로 추정되는 채무액은 부담부증여의 채무액에 해당하는 부분에서 제외한다. (○)   26회, 28회, 30회, 32회, 34회

06 본인 소유자산을 경매·공매로 인하여 자기가 재취득하는 경우 「소득세법」상 양도에 해당하지 않는다. (○)   26회, 28회

07 매매원인 무효의 소에 의하여 그 매매사실이 원인무효로 판시되어 환원될 경우 「소득세법」상 양도에 해당하지 않는다. (○)   26회, 28회

02 양도세 과세대상

토지 또는 건물	등기·등록 여부와 관계없이 과세
부동산에 관한 권리	⑴ **부동산을 취득할 수 있는 권리** 　① 건물이 완성되는 때에 그 건물과 이에 딸린 토지를 취득할 수 있는 권리 　　(아파트당첨권·분양권·입주권 등) 　　㉠ 조합원입주권: 주택 ×, 주택 수 포함 ○ 　　㉡ 분양권: 주택 ×, 주택 수 포함 ○ 　② 지방자치단체·한국토지공사가 발행하는 토지상환채권 및 주택상환사채 　　cf 토지개발채권 ×, 국민주택채권 × 　③ 부동산매매계약을 체결한 자가 계약금만 지급한 상태에서 양도하는 권리 ⑵ 지상권 ⑶ 전세권과 ⟨등기된⟩ 부동산임차권 　cf 등기되지 아니한 부동산임차권: 기타소득(종합소득)
주식 또는 출자지분 (주식 등)	⑴ **특정 주권상장법인의 주식 등** 　① 대주주가 양도하는 것 　② 장외 양도분 ⑵ 주권비상장법인의 주식 등(비상장주식) ⑶ 외국법인이 발행하였거나 외국에 있는 시장에 상장된 주식 등
기타자산	⑴ 사업에 사용하는 토지·건물 및 부동산에 관한 권리와 ⟨함께⟩ 양도하는 영업권 　cf 영업권(점포임차권 포함)의 단독양도: 기타소득(종합소득) ⑵ 특정시설물의 이용권·회원권(이용·회원권의 성격이 내포된 주식 포함)(배타적) 　**사례** 골프 회원권, 콘도 회원권 ⑶ 과점주주가 소유한 부동산 과다보유법인의 주식(50% − 50% − 50%) ⑷ 특수업종을 영위하는 부동산 과다보유법인의 주식(80% − 1주 − 1주) ⑸ 토지·건물과 ⟨함께⟩ 양도하는 「개발제한구역의 지정 및 관리에 관한 특별조치법」에 따른 이축을 할 수 있는 권리(이축권). 다만, 해당 이축권 가액을 대통령령으로 정하는 방법에 따라 별도로 평가하여 신고하는 경우는 제외한다.
파생상품 등	파생상품 등의 거래 또는 행위로 발생하는 소득(일정한 파생상품)
신탁 수익권	신탁의 이익을 받을 권리(「자본시장과 금융투자업에 관한 법률」 제110조에 따른 수익증권 및 같은 법 제189조에 따른 투자신탁의 수익권 등 대통령령으로 정하는 수익권은 제외하며, 이하 "신탁 수익권"이라 한다)의 양도로 발생하는 소득. 다만, 신탁 수익권의 양도를 통하여 신탁재산에 대한 지배·통제권이 사실상 이전되는 경우는 신탁재산 자체의 양도로 본다.

📖 사업에 사용하는 토지·건물 및 부동산에 관한 권리와 ⟨함께⟩ 양도하는 <u>영업권</u>

⌐ 권리금(P)

(1) 영업권의 단독양도 : 기타소득(종합소득)

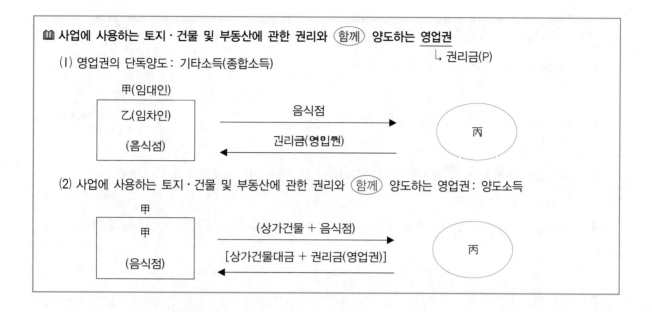

(2) 사업에 사용하는 토지·건물 및 부동산에 관한 권리와 ⟨함께⟩ 양도하는 영업권 : 양도소득

📊 신탁·신탁해지

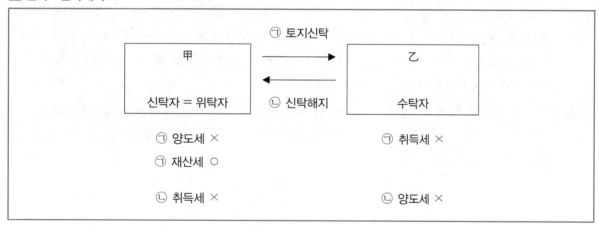

최근 10개년 기출문제 중 2번 이상 출제한 지문

01 부동산에 관한 권리 중 지상권의 양도는 양도소득세 과세대상이다. (○)   26회, 28회

02 전세권의 양도는 양도소득세 과세대상이다. (○)   26회, 34회

03 거주자가 국내 자산 중 등기된 부동산임차권을 양도한 경우 양도소득세가 과세된다. (○)
    26회, 28회, 34회

04 거주자가 국내 자산 중 등기되지 않은 부동산임차권을 양도한 경우 양도소득세가 과세된다. (×)
    26회, 28회, 34회

05 거주자가 국내 자산 중 사업에 사용하는 토지 및 건물과 함께 양도하는 영업권은 양도소득세 과세대상이다. (○)   26회, 28회, 34회

06 거주자가 사업용 건물과 함께 양도하는 영업권은 양도소득세 과세대상이다. (○)   26회, 28회, 34회

07 토지 및 건물과 함께 양도하는 「개발제한구역의 지정 및 관리에 관한 특별조치법」에 따른 이축권(해당 이축권 가액을 대통령령으로 정하는 방법에 따라 별도로 평가하여 신고하지 않음)은 양도소득세 과세대상에 해당한다. (○)   34회, 35회

08 토지 및 건물과 함께 양도하는 「개발제한구역의 지정 및 관리에 관한 특별조치법」에 따른 이축권(해당 이축권 가액을 대통령령으로 정하는 방법에 따라 별도로 평가하여 신고함)은 양도소득세 과세대상에 해당한다. (×)   34회, 35회

03 양도 또는 취득시기

1 유상 양도 및 취득시기

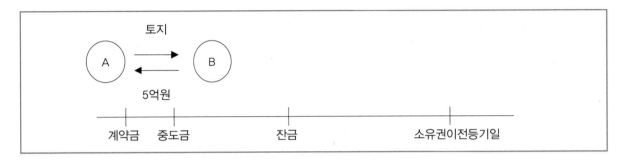

(1) **원칙 : 사실상 대금을 청산한 날**

(2) **예외 : 등기 · 등록접수일**

① 대금을 청산한 날이 분명하지 아니한 경우

② 대금을 청산하기 전에 소유권이전등기를 한 경우

2 장기할부조건 : 2회 이상 분할, 1년 이상

소유권이전등기 접수일 · 인도일 또는 사용수익일 중 **빠른 날**

3 자기가 건설한 건축물 : [**구청**(준공검사) ⇨ **등기소**(보존등기)]

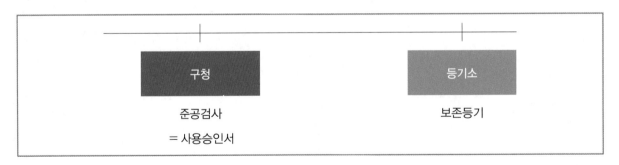

(1) **허 가**

① **원칙** : 「건축법」에 따른 사용승인서 교부일

② **예외** : 사용승인서 교부일 전에 사실상 사용하거나 임시사용승인을 받은 경우에는 그 사실상의 사용일 또는 임시사용승인을 받은 날 중 **빠른 날**

(2) **무허가 : 사실상의 사용일**

4 상속 또는 증여

(1) 상속(유증, 사인증여 포함) : 상속이 개시된 날

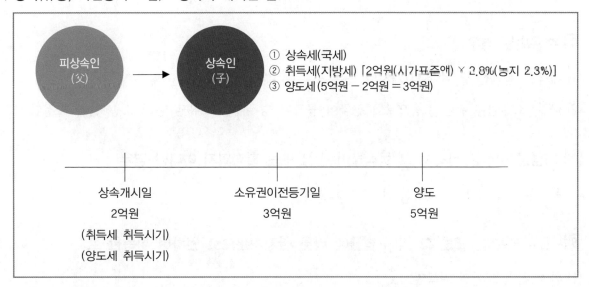

(2) 증여 : 증여를 받은 날(증여등기접수일)

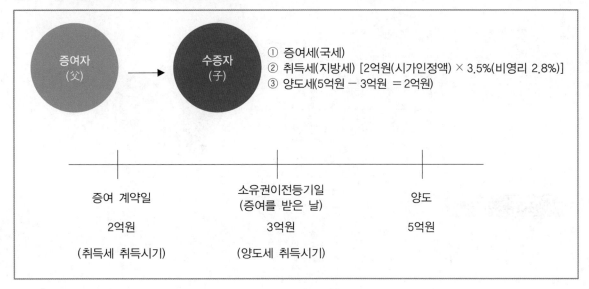

① **이월과세** : 증여자의 취득일

② **취득세** : 증여 계약일

5 **점유로 인한 부동산소유권의 취득시기**(민법의 시효취득)

당해 부동산의 점유를 개시한 날

6 **수용되는 경우**

(1) 대금을 청산한 날, 수용의 개시일 또는 소유권이전등기 접수일 중 **빠른** 날

(2) 다만, 소유권에 관한 소송으로 보상금이 공탁된 경우에는 소유권 관련 소송 판결 확정일

7 **대금을 청산한 날까지 그 목적물이 완성 또는 확정되지 아니한 경우**

목적물이 완성 또는 확정된 날

8 **「도시개발법」 또는 그 밖의 법률에 따른 환지처분으로 인하여 취득한 토지**

(1) 환지 전의 토지의 취득일

(2) **다만, 증가 또는 감소된 경우**: 환지처분의 공고가 있는 날의 다음 날(익일)

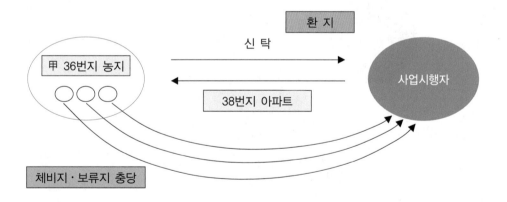

9 취득시기의 의제

(1) 토지·건물·부동산에 관한 권리·기타자산 : 1984년 12월 31일 이전에 취득한 것은 1985년 1월 1일에 취득한 것으로 본다.

(2) 주식 등 : 1985년 12월 31일 이전에 취득한 것은 1986년 1월 1일에 취득한 것으로 본다.

10 기타의 양도 또는 취득시기

(1) 아파트 당첨권의 취득시기 : 당첨일(잔금청산일)

(2) 경매에 의하여 자산을 취득하는 경우 : 경매대금을 완납한 날

(3) 잔금을 어음이나 기타 이에 준하는 증서로 받은 경우 : 어음 등의 결제일

(4) 법원의 무효판결로 소유권이 환원된 자산 : 당초 취득일

최근 10개년 기출문제 중 2번 이상 출제한 지문

01 대금을 청산한 날이 분명하지 아니한 경우 등기부·등록부 또는 명부 등에 기재된 등기·등록접수일 또는 명의개서일을 「소득세법」상 양도차익 계산시 취득 및 양도시기로 한다. (○)

29회, 32회, 34회

02 대금을 청산하기 전에 소유권이전등기(등록 및 명의개서 포함)를 한 경우 등기부·등록부 또는 명부 등에 기재된 등기접수일을 「소득세법」상 양도차익 계산시 취득 및 양도시기로 한다. (○)

29회, 32회, 34회

03 기획재정부령이 정하는 장기할부조건의 경우에는 소유권이전등기(등록 및 명의개서를 포함)접수일·인도일 또는 사용수익일 중 빠른 날을 「소득세법」상 양도차익 계산시 취득 및 양도시기로 한다. (○)

29회, 32회

04 자기가 건설한 건축물에 있어서 건축허가를 받지 아니하고 건축하는 건축물은 사실상의 사용일을 「소득세법」상 양도차익 계산시 취득시기로 한다. (○)

29회, 32회, 34회

05 상속에 의하여 취득한 자산에 대하여는 그 상속이 개시된 날을 「소득세법」상 양도차익 계산시 취득시기로 한다. (○)

29회, 34회

06 「도시개발법」에 따른 환지처분으로 교부받은 토지의 면적이 환지처분에 의한 권리면적보다 증가한 경우 그 증가된 면적의 토지에 대한 취득시기는 환지처분의 공고가 있은 날의 다음 날로 한다. (○)

29회, 32회

07 「도시개발법」에 따라 교부받은 토지의 면적이 환지처분에 의한 권리면적보다 증가 또는 감소된 경우 취득시기는 환지처분의 공고가 있은 날로 한다. (×)

29회, 32회

04 양도소득 과세표준과 세액의 계산

구 분		원칙(실지거래가액)	예외(추계)
	양도가액	실지 양도가액	추계(매·감·기)
−	취득가액	실지 취득가액	추계(매·감·환·기)
		① 매입가액 + 취득세 + 기타부대비용 ② 소송비용·화해비용 ③ 당사자 약정 이자상당액 cf 지연이자 ×	−
−	기타필요경비	자본적 지출액 + 양도비용	필요경비개산공제
		① 자본적 지출액: 내용연수 연장, 가치증가 cf 수익적 지출액: 원상회복, 능률유지(×) ② 양도비용: 중개보수, 매각차손	① 취득가액이 추계인 경우 ② 취득당시 기준시가 × 공제율
=	양도차익	−	
−	장기보유특별공제	① 양도차익 × 공제율 ② 적용대상: 토지·건물·조합원입주권 ③ 보유기간: 3년 이상 보유 ④ 적용배제: 미등기양도자산, (1세대 2주택 이상 + 조정대상지역 주택) ⑤ 공제율: ㉠ ㉡ 이외(2%씩): 6%~30% ㉡ 1세대 1주택인 고가주택(실가 12억원 초과)(2년 이상 거주): [(보유기간: 4%씩) + (거주기간: 4%씩)]	
=	양도소득금액	−	
−	양도소득기본공제	① 소득별로 각각 연(1월 1일~12월 31일) 250만원 ㉠ 토지·건물, 부동산에 관한 권리, 기타자산 ㉡ 주식 또는 출자지분(주식 등) ㉢ 파생상품 등 ㉣ 신탁 수익권 ② 적용배제: 미등기양도자산	
=	과세표준	−	
×	세 율	−	
=	산출세액	−	
−	감면세액	−	
−	세액공제	외국납부세액공제	
+	가산세	무(과소)신고가산세, 납부지연가산세	
=	자진납부할 세액	−	
−	분납할 세액	−	
=	자진 납부세액	−	

04-1 양도차익의 계산

1 양도가액과 취득가액의 적용기준

과세대상자산	원 칙	예 외
(1) 토지 또는 건물 (2) 부동산에 관한 권리 (3) 주식 또는 출자지분 (4) 기타자산 (5) 파생상품 등 (6) 신탁 수익권	실지거래가액	추계결정(매매사례가액, 감정가액, 환산취득가액) 또는 기준시가

📖 **양도차익의 산정**

1. 원 칙

   양도차익을 계산할 때 양도가액을 실지거래가액(매매사례가액, 감정가액)에 따를 때에는 취득가액도 실지거래가액(매매사례가액, 감정가액, 환산가액)에 따르고, 양도가액을 기준시가에 따를 때에는 취득가액도 기준시가에 따른다.

2. 예 외

   양도가액 또는 취득가액을 실지거래가액에 따라 정하는 경우로서 장부나 그 밖의 증명서류에 의하여 해당 자산의 양도 당시 또는 취득 당시의 실지거래가액을 인정 또는 확인할 수 없는 경우에는 양도가액 또는 취득가액을 매매사례가액, 감정가액, 환산취득가액(취득가액에만 적용) 또는 기준시가 등에 따라 추계조사하여 결정 또는 경정할 수 있다.

2 실지거래가액에 의한 양도차익

(I) 양도가액 : 양도당시의 양도자와 양수자 간에 실지거래가액(양도소득의 <u>총수입금액</u>)

① "실지거래가액"이란 자산의 양도 또는 취득 당시에 양도자와 양수자가 실제로 거래한 가액으로서 해당 자산의 양도 또는 취득과 대가관계가 있는 금전과 그 밖의 재산가액

② <u>특수관계인</u>과의 거래에 있어서 토지 등을 시가를 초과하여 취득하거나 시가에 미달하게 양도함으로써 조세의 부담을 부당히 감소시킨 것으로 인정되는 때에는 그 취득가액 또는 양도가액을 <u>시가</u>에 의하여 계산한다.

(2) 취득가액 : 취득에 든 실지거래가액

① **취득원가에 상당하는 가액**(현재가치할인차금 포함)

　㉠ 타인으로부터 매입한 자산은 <u>매입가액</u>에 <u>취득세·기타 부대비용</u>을 가산한 금액 [<u>중개보수,</u> <u>소유권이전비용(법무사비용)</u>]

　㉡ 자기가 행한 제조·생산 또는 건설 등에 의하여 취득한 자산은 원재료비·노무비·운임·하역비·보험료·수수료·공과금(취득세와 등록면허세를 포함)·설치비 기타 부대비용의 합계액

② 취득에 관한 쟁송이 있는 자산에 대하여 그 소유권 등을 확보하기 위하여 직접 소요된 <u>소송비용·화해비용</u> 등의 금액으로서 그 지출한 연도의 각 소득금액의 계산에 있어서 필요경비에 산입된 것을 제외한 금액

③ 당사자 <u>약정</u>에 의한 대금지급방법에 따라 취득원가에 이자상당액을 가산하여 거래가액을 확정하는 경우 당해 <u>이자상당액</u>은 취득원가에 포함한다. 다만, 당초 약정에 의한 거래가액의 <u>지급기일의 지연으로 인하여 추가로 발생하는 이자상당액</u>은 취득원가에 포함하지 아니한다.

　cf <u>주택의 취득대금에 충당하기 위한 대출금의 이자지급액</u>(×)

④ 양도자산 보유기간에 그 자산에 대한 <u>감가상각비</u>로서 각 과세기간의 사업소득금액을 계산하는 경우 필요경비에 산입하였거나 산입할 금액이 있을 때에는 이를 취득가액에서 공제한 금액을 그 취득가액으로 한다.

⑤ 현재가치할인차금을 취득원가에 포함하는 경우에 있어서 양도자산의 보유기간 중에 그 <u>현재가치할인차금의 상각액</u>을 각 연도의 사업소득금액 계산시 필요경비로 산입하였거나 산입할 금액이 있는 때에는 이를 취득가액에서 공제한다.

⑥ <u>취득세는 납부영수증이 없는 때에도 취득가액에 포함</u>하며, 「지방세법」에 따라 감면되는 경우에는 취득가액에 포함되지 않는다.

⑦ 상속 또는 증여받은 자산에 대하여 실지거래가액을 적용할 때에는 상속개시일 또는 증여일 현재 「상속세 및 증여세법」의 규정에 의하여 평가한 가액을 취득당시의 실지거래가액으로 본다.

　cf 재산세, 종합부동산세, 상속세 및 증여세, 부당행위계산에 의한 시가초과액은 필요경비에 산입하지 아니한다.

⑶ **기타필요경비**(자본적 지출액 + 양도비용)

> **참고 | 필요경비**(1 또는 2)
>
> 1. 적격 증명서류를 수취·보관
>   ① 계산서   ② 세금계산서   ③ 신용카드매출전표   ④ 현금영수증
> 2. 금융거래 증명서류 확인(계좌이체)

① **자본적 지출액**

  ㉠ 자산의 내용연수를 연장시키거나 당해 자산의 <u>가치를 현실적으로 증가</u>시키기 위하여 지출한 수선비

  ㉡ 양도자산을 취득한 후 쟁송이 있는 경우에 그 소유권을 확보하기 위하여 직접 소요된 <u>소송비용·화해비용</u> 등의 금액으로서 그 지출한 연도의 각 <u>사업소득금액의 계산에 있어서 필요경비에 산입된 것을 제외한 금액</u>

  ㉢ 양도자산의 용도변경·개량 또는 <u>이용편의</u>를 위하여 지출한 비용

  ㉣ 「개발이익환수에 관한 법률」에 따른 개발부담금

  ㉤ 「재건축초과이익 환수에 관한 법률」에 따른 <u>재건축부담금</u>

  ㉥ 주택의 이용편의를 위한 베란다 샤시, <u>거실 및 방 확장공사비</u>, 난방시설 교체비 등의 내부시설의 개량을 위한 공사비

   cf 수익적지출·환경개선부담금·택지초과소유부담금은 제외

② **양도비용**

  ㉠ 자산을 양도하기 위하여 직접 지출한 비용

   ⓐ <u>양도소득세 과세표준 신고서 작성비용</u> 및 계약서 작성비용, <u>공증비용</u>, 인지대 및 소개비<u>(중개보수)</u> 등

   ⓑ 간접양도비용(이사비용 등)은 제외

  ㉡ 주식 등의 양도로 인한 증권거래세

  ㉢ 자산을 취득함에 있어서 법령 등의 규정에 따라 매입한 국민주택채권 및 토지개발채권을 만기 전에 <u>금융기관 등에 양도함으로써</u> 발생하는 매각차손. 이 경우 기획재정부령으로 정하는 <u>금융기관 외의 자에게 양도한 경우에는 동일한 날에 금융기관에 양도하였을 경우 발생하는 매각차손을 한도로 한다.</u>

③ 추계결정에 의하는 경우의 양도·취득가액과 기타의 필요경비

(1) 양도가액 또는 취득가액을 추계결정 또는 경정하는 경우에는 다음의 방법을 순차로 적용하여 산정한 가액에 의한다.

① 매 매사례가액: 양도일 또는 취득일 전후 각 3개월 이내에 해당 자산(주권상장법인의 주식 등은 제외)과 동일성 또는 유사성이 있는 자산의 매매사례가 있는 경우 그 가액

② 감 정가액: 양도일 또는 취득일 전후 각 3개월 이내에 해당 자산(주식 등을 제외)에 대하여 둘 이상의 감정평가법인등이 평가한 것으로서 신빙성이 있는 것으로 인정되는 감정가액(감정평가기준일이 양도일 또는 취득일 전후 각 3개월 이내인 것에 한정)이 있는 경우에는 그 감정가액의 평균액(다만, 기준시가가 10억원 이하인 경우에는 하나)

③ 환 산 취득가액: 토지·건물 및 부동산을 취득할 수 있는 권리의 경우에는 다음 산식에 의하여 계산한 가액 **cf** 양도가액은 환산(×)

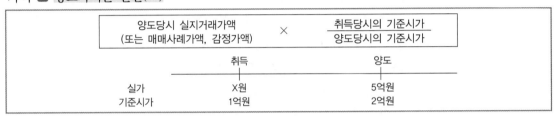

④ 기 준시가

부동산의 평가

① 시가 = 시세(보는 사람에 따라 차이가 발생, 변동성의 문제점)

토지(38번지)	甲	110,000,000원
시가 = 시세 = 100,000,000원	乙	90,000,000원

② 공시가격(세법에서 정한 일정한 금액 = 80,000,000원)

구 분		국 세 (기준시가)	지방세 (시가표준액)
		양도소득세	취득세, 등록면허세, 재산세
(1) 토 지		개별공시지가(매년 4월말 공시)	개별공시지가(매년 4월말 공시)
(2) 주택	① 단독주택	개별주택가격(매년 4월말 공시)	개별주택가격(매년 4월말 공시)
	② 공동주택	공동주택가격(매년 4월말 공시)	공동주택가격(매년 4월말 공시)
(3) 오피스텔		매년 1회 이상 국세청장이 토지와 건물에 대하여 일괄하여 산정·고시하는 가액	건축물의 시가표준액 = 건물신축가격기준액 × 적용지수(구조지수 × 용도지수 × 위치지수 × 경과연수별 잔가율 × 가감산율)
(4) 건축물		신축가격 × 구조 × 용도 × 위치 × 잔가율	
(5) 부동산을 취득할 수 있는 권리 예 일반 분양권		납입한 금액과 프리미엄에 상당하는 금액을 합한 금액	—

용어

1. 양도세 : 기준시가
2. 취득세, 등록면허세, 재산세 : 시가표준액
3. 종합부동산세 : 공시가격

(2) 필요경비개산공제

취득가액을 추계조사(매매사례가액, 감정가액, 환산취득가액) 또는 기준시가로 산정하는 경우 인정되는 필요경비

구 분		필요경비개산공제액
① **토지와 건물**(일반건물, 오피스텔 및 상업용 건물, 주택)		취득당시의 기준시가 × 3% (미등기양도자산은 0.3%)
② **부동산에 관한 권리**	지상권 · 전세권 · 등기된 부동산임차권	취득당시의 기준시가 × 7% (미등기양도자산은 제외)
	부동산을 취득할 수 있는 권리	취득당시의 기준시가 × 1%
③ **주식 · 출자지분**　④ **기타자산**　⑤ **신탁 수익권**		

(3) 추계방법에 의한 취득가액을 환산취득가액으로 하는 경우 세부담의 최소화

필요경비 = MAX(①, ②)
① (환산취득가액 + 필요경비개산공제)
② (자본적지출액 + 양도비)

최근 10개년 기출문제 중 2번 이상 출제한 지문

01 취득가액을 실지거래가액에 의하는 경우 자본적지출액도 실지로 지출된 가액에 의하므로 「소득세법」 제160조의2 재2항에 따른 증명서류를 수취·보관한 경우에만 필요경비로 인정한다. (×)
28회, 29회

02 취득가액을 실지거래가액에 의하는 경우 자본적지출액은 그 지출에 관한 증명서류를 수취·보관하지 않고 실제 지출사실이 금융거래 증명서류에 의하여 확인되지 않은 경우에도 양도차익 계산시 양도가액에서 공제할 수 있다. (×)
28회, 29회

03 양도차익을 실지거래가액에 의하는 경우 양도가액에서 공제할 취득가액은 그 자산에 대한 감가상각비로서 각 과세기간의 사업소득금액을 계산하는 경우 필요경비에 산입한 금액이 있을 때에는 이를 공제하지 않은 금액으로 한다. (×)
28회, 29회, 31회

04 「소득세법」 제97조 제3항에 따른 취득가액을 계산할 때 감가상각비를 공제하는 것은 취득가액을 실지거래가액으로 하는 경우에만 적용하므로 취득가액을 환산가액으로 하는 때에는 적용하지 아니한다. (×)
28회, 29회, 31회

05 취득당시 실지거래가액을 확인할 수 없는 경우에는 매매사례가액, 환산가액, 감정가액, 기준시가를 순차로 적용하여 산정한 가액을 취득가액으로 한다. (×)
26회, 28회

06 특수관계인 간의 거래가 아닌 경우로서 취득가액인 실지거래가액을 인정 또는 확인할 수 없어 그 가액을 추계결정 또는 경정하는 경우에는 매매사례가액, 감정가액, 기준시가의 순서에 따라 적용한 가액에 의한다. (×)
26회, 28회

07 추계방법에 의한 취득가액을 환산취득가액으로 하는 경우 양도소득세 부담을 최소화하기 위한 양도차익 계산시 (환산취득가액 + 필요경비개산공제)와 (자본적지출액 + 양도비) 중 큰 금액을 필요경비로 한다. (○)
28회, 32회

04-2 장기보유특별공제 · 양도소득기본공제

1 장기보유특별공제

(1) 취지

① 장기보유특별공제는 보유기간 동안의 명목소득에 대한 세부담 경감과 과중한 세부담으로 인한 부동산시장의 동결효과를 방지하기 위함

② 누진세율 구조하에서 장기간 축적된 보유이익이 양도시점에 한꺼번에 실현됨으로 인해 과도하게 높은 세율을 적용받는 현상(결집효과)를 완화하기 위함

(2) 적용대상

① 토지 · 건물로서 보유기간이 3년 이상인 것

② 부동산을 취득할 수 있는 권리 중 조합원입주권(조합원으로부터 취득한 것은 제외)

　　cf ㉠ 사업용 토지 : 지목에 맞게 사용

　　　　㉡ 비사업용 토지 : 2016년 1월 1일부터 장기보유특별공제 적용

(3) 적용배제(다만, ②, ③, ④, ⑤의 경우 보유기간이 2년 이상인 주택을 2026년 5월 9일까지 양도하는 경우 그 해당 주택은 주택의 수를 계산할 때 산입하지 아니한다)

① 미등기양도자산

② 조정대상지역에 있는 주택으로서 대통령령으로 정하는 1세대 2주택에 해당하는 주택

③ 조정대상지역에 있는 주택으로서 1세대가 1주택과 조합원입주권 또는 분양권을 1개 보유한 경우의 해당 주택. 다만, 대통령령으로 정하는 장기임대주택 등은 제외한다.

④ 조정대상지역에 있는 주택으로서 대통령령으로 정하는 1세대 3주택 이상에 해당하는 주택

⑤ 조정대상지역에 있는 주택으로서 1세대가 주택과 조합원입주권 또는 분양권을 보유한 경우로서 그 수의 합이 3 이상인 경우 해당 주택. 다만, 대통령령으로 정하는 장기임대주택 등은 제외한다.

(4) 장기보유특별공제시 보유기간의 적용

① **보유기간** : 취득일(초일 산입)부터 양도일까지

② **이월과세** : 배우자 · 직계존비속으로부터 10년 이내에 증여받은 토지 · 건물의 양도로 인하여 발생한 소득은 증여한 배우자 또는 직계존비속이 해당 자산을 취득한 날부터 기산(起算)한다.

③ **상속받은 자산을 양도하는 경우** : 상속개시일부터 기산

④ **조합원입주권** : 기존건물과 그 부수토지의 취득일부터 관리처분계획인가일까지의 기간

(5) 장기보유특별공제액

> 장기보유특별공제액 = **양도차익** × 공제율
> cf 양도가액(×), 취득가액(×)

📖 **조합원입주권의 양도차익** : 「도시 및 주거환경정비법」에 따른 관리처분계획 인가 전 토지분 또는 건물분의 양도차익으로 한정

📖 **공제율**

1. 2. 이외(2%씩) : 6~30%
2. 1세대 1주택인 고가주택(실가 12억원 초과)(2년 이상 거주) : [(보유기간 : 4%씩) + (거주기간 : 4%씩)]

📝 **장기보유특별공제 : 공제율**(표1)

보유기간	공제율(2%씩)
3년 이상 4년 미만	100분의 6
4년 이상 5년 미만	100분의 8
5년 이상 6년 미만	100분의 10
6년 이상 7년 미만	100분의 12
7년 이상 8년 미만	100분의 14
8년 이상 9년 미만	100분의 16
9년 이상 10년 미만	100분의 18
10년 이상 11년 미만	100분의 20
11년 이상 12년 미만	100분의 22
12년 이상 13년 미만	100분의 24
13년 이상 14년 미만	100분의 26
14년 이상 15년 미만	100분의 28
15년 이상	100분의 30

📝 장기보유특별공제 : 공제율(표2)

(1세대가 양도일 현재 국내에 1주택을 보유하고 보유기간 중 거주기간이 2년 이상인 것)

보유기간	공제율(4%씩)	거주기간	공제율(4%씩)
3년 이상 4년 미만	100분의 12	2년 이상 3년 미만 (보유기간 3년 이상에 한함)	100분의 8
		3년 이상 4년 미만	100분의 12
4년 이상 5년 미만	100분의 16	4년 이상 5년 미만	100분의 16
5년 이상 6년 미만	100분의 20	5년 이상 6년 미만	100분의 20
6년 이상 7년 미만	100분의 24	6년 이상 7년 미만	100분의 24
7년 이상 8년 미만	100분의 28	7년 이상 8년 미만	100분의 28
8년 이상 9년 미만	100분의 32	8년 이상 9년 미만	100분의 32
9년 이상 10년 미만	100분의 36	9년 이상 10년 미만	100분의 36
10년 이상	100분의 40	10년 이상	100분의 40

⑹ 동일 연도에 장기보유특별공제의 대상이 되는 자산을 수회 양도한 경우 : 공제요건에 해당하는 경우에는 자산별로 각각 공제한다.

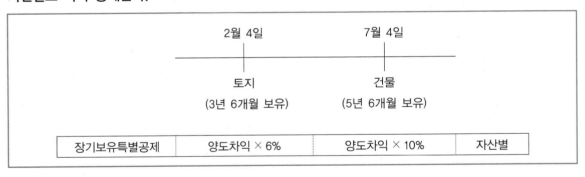

2 양도소득기본공제

(1) 양도소득이 있는 거주자에 대해서는 다음 각 호의 소득별로 해당 과세기간의 양도소득금액에서 각각 연(1월 1일~12월 31일) 250만원을 공제한다(cf 자산별 ×).

① 토지·건물, 부동산에 관한 권리, 기타자산(다만, 미등기양도자산은 제외)

② 주식 또는 출자지분(주식 등)

③ 파생상품 등

④ 신탁 수익권

(2) 다만, 양도소득금액에 감면소득금액이 있는 경우에는 그 감면소득금액 외의 양도소득금액에서 먼저 공제하고, 감면소득금액 외의 양도소득금액 중에서는 해당 과세기간에 먼저 양도한 자산의 양도소득금액에서부터 순서대로 공제한다.

① **감면 외, 감면 외**: 먼저 양도한 자산부터

② **감면, 감면 외**: 감면 외에서 먼저 공제

(3) 공유자산일 경우에는 공유자 각자 공제적용을 받을 수 있다.

📝 장기보유특별공제와 양도소득기본공제의 비교

구 분	자산의 종류	보유기간	제외대상
① 장기보유특별공제	토지·건물, 조합원입주권	3년 이상	• 미등기양도자산 • ~~1세대 2주택 이상 + 조정대상지역 주택~~
② 양도소득기본공제	불문	불문	미등기양도자산

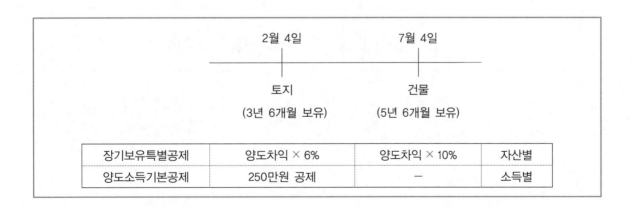

	2월 4일 토지 (3년 6개월 보유)	7월 4일 건물 (5년 6개월 보유)	
장기보유특별공제	양도차익 × 6%	양도차익 × 10%	자산별
양도소득기본공제	250만원 공제	–	소득별

③ 양도소득금액의 구분계산 등(결손금의 통산) : 이월공제 ✕

양도소득금액은 다음 각 호의 소득별로 구분하여 계산한다. 이 경우 소득금액을 계산할 때 발생하는 결손금은 다른 호의 소득금액과 합산하지 아니한다.

(1) 토지·건물 및 부동산에 관한 권리와 기타자산의 양도소득금액
(2) 주식 또는 출자지분의 양도소득금액
(3) 파생상품 등
(4) 신탁 수익권

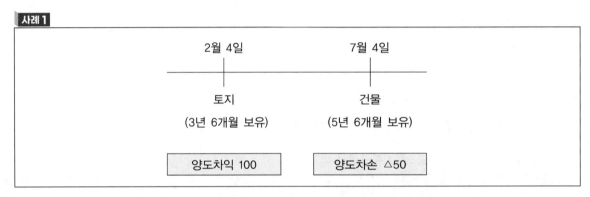

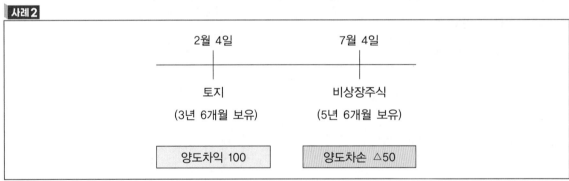

▌ 최근 10개년 기출문제 중 2번 이상 출제한 지문

01 「소득세법」 제104조 제3항에 따른 미등기 양도자산에 대하여는 장기보유특별공제를 적용하지 아니한다. (○) 26회, 28회

02 보유기간이 3년 이상인 등기된 상가건물은 장기보유특별공제가 적용된다. (○) 26회, 33회, 34회

03 1세대 1주택 요건을 충족한 고가주택(보유기간 2년 6개월)이 과세되는 경우 장기보유특별공제가 적용된다. (×) 26회, 32회, 33회, 34회

04 1세대 1주택 비과세 요건을 충족하는 고가주택의 양도가액이 15억원이고 양도차익이 5억원인 경우 양도소득세가 과세되는 양도차익은 3억원이다. (×) 26회, 32회, 33회, 34회

05 보유기간이 17년인 등기된 상가건물의 장기보유특별공제 보유기간별 공제율은 100분의 30이다. (○) 26회, 32회, 33회, 34회

06 같은 해에 여러 개의 자산(모두 등기됨)을 양도한 경우 양도소득 기본공제는 해당 과세기간에 먼저 양도한 자산의 양도소득금액에서부터 순서대로 공제한다. 단, 감면소득금액은 없다. (○) 28회, 31회, 33회, 34회, 35회

07 토지의 양도로 발생한 양도차손은 동일한 과세기간에 전세권의 양도로 발생한 양도소득금액에서 공제할 수 있다. (○) 29회, 31회, 35회

08 양도소득금액을 계산할 때 부동산을 취득할 수 있는 권리에서 발생한 양도차손은 토지에서 발생한 양도소득금액에서 공제할 수 없다. (×) 29회, 31회, 35회

04-3 양도소득세 세율

1 양도소득세 세율

⑴ **토지 또는 건물·부동산에 관한 권리 및 기타자산 : 6 ~ 45%**(= 기본세율)

(분양권의 경우에는 양도소득 과세표준의 100분의 60)

⑵ **토지 또는 건물 및 부동산에 관한 권리로서 그 보유기간이 1년 이상 2년 미만 : 양도소득 과세표준의 100분의 40**(주택, 조합원입주권 및 분양권의 경우에는 100분의 60)

⑶ **토지 또는 건물 및 부동산에 관한 권리로서 그 보유기간이 1년 미만 : 양도소득 과세표준의 100분의 50** (주택, 조합원입주권 및 분양권의 경우에는 100분의 70)

⑷ **비사업용 토지 : [기본세율 + 10%p]** ⇨ **[16 ~ 55%]**

⑸ **미등기양도자산 : 양도소득 과세표준의 100분의 70**

⑹ **주식 등**

⑺ **해외주식**

⑻ **파생상품**

⑼ **신탁 수익권**

⑽ **[1세대 2주택 + 조정대상지역 주택 양도]** ⇨ **[기본세율 + 20%p] = [26 ~ 65%]**

⇨ 「소득세법」 제55조 제1항에 따른 세율(기본세율)에 100분의 20을 더한 세율

(다만, 보유기간이 2년 이상인 주택을 2026년 5월 9일까지 양도하는 경우 그 해당 주택은 주택의 수를 계산할 때 산입하지 아니한다)

① 「주택법」 제63조의2 제1항 제1호에 따른 조정대상지역에 있는 주택으로서 대통령령으로 정하는 1세대 2주택에 해당하는 주택

② 조정대상지역에 있는 주택으로서 1세대가 1주택과 조합원입주권 또는 분양권을 1개 보유한 경우의 해당 주택. 다만, 대통령령으로 정하는 장기임대주택 등은 제외한다.

③ 해당 주택 보유기간이 2년 미만인 경우에는 제55조 제1항에 따른 세율에 100분의 20을 더한 세율을 적용하여 계산한 양도소득 산출세액과 위 ⑵ 또는 ⑶의 세율을 적용하여 계산한 양도소득 산출세액 중 큰 세액을 양도소득 산출세액으로 한다.

(II) [1세대 3주택 이상 + 조정대상지역 주택 양도] ⇨ [기본세율 + 30%p] = [36~75%]

　　⇨ 「소득세법」 제55조 제1항에 따른 세율(기본세율)에 100분의 30을 더한 세율

　　　　(다만, 보유기간이 2년 이상인 주택을 2026년 5월 9일까지 양도하는 경우 그 해당 주택은 주택의 수를 계산할 때 산입하지 아니한다)

　　① 조정대상지역에 있는 주택으로서 대통령령으로 정하는 1세대 3주택 이상에 해당하는 주택

　　② 조정내상시역에 있는 주택으로서 1세대가 주택과 조합원입주권 또는 분양권을 보유한 경우로서 그 수의 합이 3 이상인 경우 해당 주택. 다만, 대통령령으로 정하는 장기임대주택 등은 제외한다.

　　③ 해당 주택 보유기간이 2년 미만인 경우에는 제55조 제1항에 따른 세율에 100분의 30을 더한 세율을 적용하여 계산한 양도소득 산출세액과 위 (2) 또는 (3)의 세율을 적용하여 계산한 양도소득 산출세액 중 큰 세액을 양도소득 산출세액으로 한다.

② 세율 적용시 주의사항

(1) 하나의 자산이 위의 구분에 따른 세율 중 둘 이상에 해당할 때에는 해당 세율을 적용하여 계산한 양도소득 산출세액 중 큰 것을 그 세액으로 한다.

　　cf 높은 세율(×)

(2) 세율 적용시 보유기간 계산(취득일)

구 분	취득일	
	(원칙) 장기보유특별공제를 적용할 때	(예외) 양도소득세율을 적용할 때
① 상속받은 자산을 양도하는 경우	상속개시일	피상속인이 그 자산을 취득한 날
② 배우자·직계존비속 간 증여재산에 대한 이월과세의 규정을 적용받는 자산	증여자가 그 자산을 취득한 날	증여자가 그 자산을 취득한 날

3 초과누진세율

(1) 정의 : 금액이 커짐에 따라 높은 세율을 적용

(2) 사례 : 양도소득세 초과누진세율(6~45%)(= 기본세율)

과세표준	산출세액
1,400만원 이하	과세표준 × 6%
1,400만원 초과 5,000만원 이하	84만원 + (과세표준 - 1,400만원) × 15%
5,000만원 초과 8,800만원 이하	624만원 + (과세표준 - 5,000만원) × 24%
8,800만원 초과 1억5천만원 이하	1,536만원 + (과세표준 - 8,800만원) × 35%
1억5천만원 초과 3억원 이하	3,706만원 + (과세표준 - 1억5천만원) × 38%
3억원 초과 5억원 이하	9,406만원 + (과세표준 - 3억원) × 40%
5억원 초과 10억원 이하	1억7,406만원 + (과세표준 - 5억원) × 42%
10억원 초과	3억8,406만원 + (과세표준 - 10억원) × 45%

예 ① 과세표준금액이 50,000,000원인 경우
= 840,000원 + (50,000,000원 - 14,000,000원) × 15% = 6,240,000원

② 과세표준금액이 100,000,000원인 경우
= 15,360,000원 + (100,000,000원 - 88,000,000원) × 35% = 19,560,000원

3-1 기본세율 속산표

과세표준	산출세액
1,400만원 이하	과세표준 × 6%
1,400만원 초과 5,000만원 이하	과세표준 × 15% - 1,260,000원(누진공제액)
5,000만원 초과 8,800만원 이하	과세표준 × 24% - 5,760,000원(누진공제액)
8,800만원 초과 1억5천만원 이하	과세표준 × 35% - 15,440,000원(누진공제액)
1억5천만원 초과 3억원 이하	과세표준 × 38% - 19,940,000원(누진공제액)
3억원 초과 5억원 이하	과세표준 × 40% - 25,940,000원(누진공제액)
5억원 초과 10억원 이하	과세표준 × 42% - 35,940,000원(누진공제액)
10억원 초과	과세표준 × 45% - 65,940,000원(누진공제액)

예 ① 과세표준금액이 50,000,000원인 경우
= 50,000,000원 × 15% - 1,260,000원 = 6,240,000원

② 과세표준금액이 100,000,000원인 경우
= 100,000,000원 × 35% - 15,440,000원 = 19,560,000원

3-2 [기본세율 + 10%p] : 비사업용 토지

과세표준	산출세액
1,400만원 이하	과세표준 × 16%
1,400만원 초과 5,000만원 이하	과세표준 × 25% − 1,260,000원(누진공제액)
5,000만원 초과 8,800만원 이하	과세표준 × 34% − 5,700,000원(누진공제액)
8,800만원 초과 1억5천만원 이하	과세표준 × 45% − 15,440,000원(누진공제액)
1억5천만원 초과 3억원 이하	과세표준 × 48% − 19,940,000원(누진공제액)
3억원 초과 5억원 이하	과세표준 × 50% − 25,940,000원(누진공제액)
5억원 초과 10억원 이하	과세표준 × 52% − 35,940,000원(누진공제액)
10억원 초과	과세표준 × 55% − 65,940,000원(누진공제액)

예 ① 과세표준금액이 50,000,000원인 경우

= 50,000,000원 × 25% − 1,260,000원 = 11,240,000원

② 과세표준금액이 100,000,000원인 경우

= 100,000,000원 × 45% − 15,440,000원 = 29,560,000원

3-3 [기본세율 + 20%p] : (1세대 2주택 + 조정대상지역 주택)

(다만, 보유기간이 2년 이상인 주택을 2024년 5월 9일까지 양도하는 경우 그 해당 주택은 주택의 수를 계산할 때 산입하지 아니한다)

과세표준	산출세액
1,400만원 이하	과세표준 × 26%
1,400만원 초과 5,000만원 이하	과세표준 × 35% − 1,260,000원(누진공제액)
5,000만원 초과 8,800만원 이하	과세표준 × 44% − 5,760,000원(누진공제액)
8,800만원 초과 1억5천만원 이하	과세표준 × 55% − 15,440,000원(누진공제액)
1억5천만원 초과 3억원 이하	과세표준 × 58% − 19,940,000원(누진공제액)
3억원 초과 5억원 이하	과세표준 × 60% − 25,940,000원(누진공제액)
5억원 초과 10억원 이하	과세표준 × 62% − 35,940,000원(누진공제액)
10억원 초과	과세표준 × 65% − 65,940,000원(누진공제액)

예 ① 과세표준금액이 50,000,000원인 경우

= 50,000,000원 × 35% − 1,260,000원 = 16,240,000원

② 과세표준금액이 100,000,000원인 경우

= 100,000,000원 × 55% − 15,440,000원 = 39,560,000원

3-4 [기본세율 + 30%p] : (1세대 3주택 이상 + 조정대상지역 주택)

(다만, 보유기간이 2년 이상인 주택을 2024년 5월 9일까지 양도하는 경우 그 해당 주택은 주택의 수를 계산할 때 산입하지 아니한다)

과세표준	산출세액
<u>1,400만원 이하</u>	과세표준 × 36%
1,400만원 초과 5,000만원 이하	과세표준 × 45% − 1,260,000원(누진공제액)
5,000만원 초과 8,800만원 이하	과세표준 × 54% − 5,760,000원(누진공제액)
8,800만원 초과 1억5천만원 이하	과세표준 × 65% − 15,440,000원(누진공제액)
1억5천만원 초과 3억원 이하	과세표준 × 68% − 19,940,000원(누진공제액)
3억원 초과 5억원 이하	과세표준 × 70% − 25,940,000원(누진공제액)
5억원 초과 10억원 이하	과세표준 × 72% − 35,940,000원(누진공제액)
10억원 초과	과세표준 × 75% − 65,940,000원(누진공제액)

예 ① 과세표준금액이 50,000,000원인 경우

= 50,000,000원 × 45% − 1,260,000원 = 21,240,000원

② 과세표준금액이 100,000,000원인 경우

= 100,000,000원 × 65% − 15,440,000원 = 49,560,000원

4 비례세율

(1) **정의 :** 금액에 관계없이 동일한 비율로 과세

(2) **사례 :** 취득세(4%)

① **1억원 토지 취득 :** 100,000,000원 × 4% = 4,000,000원

② **2억원 토지 취득 :** 200,000,000원 × 4% = 8,000,000원

▌ 최근 10개년 기출문제 중 2번 이상 출제한 지문

01 보유기간이 6개월인 상가건물의 양도소득과세표준에 적용되는 세율은 100분의 40이다. (×)

27회, 30회, 34회

02 보유기간이 1년 이상 2년 미만인 등기된 상업용 건물을 양도한 경우 양도소득 과세표준에 적용되는 세율은 100분의 40이다. (○)

27회, 30회, 34회

03 2년 1개월 보유한 등기된 상가건물에 대한 양도소득 과세표준의 세율은 100분의 40이다. (×)

27회, 30회, 34회

04 6개월 보유한 등기된 1주택에 대한 양도소득 과세표준의 세율은 100분의 30이다. (×)

27회, 30회, 34회

05 1년 6개월 보유한 등기된 1주택에 대한 양도소득 과세표준의 세율은 100분의 40이다. (×)

27회, 30회, 34회

06 보유기간이 1년 미만인 조합원입주권을 양도한 경우 양도소득 과세표준에 적용되는 세율은 100분의 70이다. (○)

27회, 30회, 34회

07 보유기간이 1년 10개월인 「소득세법」에 따른 조합원입주권을 양도한 경우 양도소득 과세표준에 적용되는 세율은 100분의 70이다. (×)

27회, 30회, 34회

08 보유기간이 10개월인 「소득세법」에 따른 분양권의 양도소득과세표준에 적용되는 세율은 100분의 70이다. (○)

30회, 34회

09 보유기간이 2년 6개월인 「소득세법」에 따른 분양권의 양도소득과세표준에 적용되는 세율은 100분의 50이다. (×)

30회, 34회

04-4 미등기양도

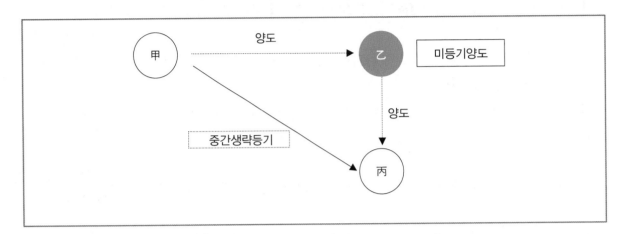

(1) **미등기양도자산**

　　토지·건물 및 부동산에 관한 권리를 취득한 자가 그 자산 취득에 관한 등기를 하지 아니하고 양도하는 것

(2) **미등기양도자산에 대한 규제**

　　① **비과세와 감면**: 배제

　　② **필요경비개산공제**: 0.3%

　　③ **장기보유특별공제와 양도소득기본공제**: 배제(양도차익 = 양도소득금액 = 과세표준)

　　④ **세율**: 70%

(3) **미등기양도제외자산의 범위**

　　① 장기할부조건으로 취득한 자산으로서 그 계약조건에 의하여 양도당시 그 자산의 취득에 관한 등기가 불가능한 자산

　　② 법률의 규정 또는 법원의 결정에 의하여 양도당시 그 자산의 취득에 관한 등기가 불가능한 자산

　　③ 비과세요건을 충족한 교환·분합하는 농지, 감면요건을 충족한 자경농지 및 대토하는 농지

　　④ 비과세요건을 충족한 1세대 1주택으로서 「건축법」에 따른 건축허가를 받지 아니하여 등기가 불가능한 자산

　　⑤ 「도시개발법」에 따른 도시개발사업이 종료되지 아니하여 토지 취득등기를 하지 아니하고 양도하는 토지

　　⑥ 건설사업자가 「도시개발법」에 따라 공사용역 대가로 취득한 체비지를 토지구획환지처분공고 전에 양도하는 토지

최근 10개년 기출문제 중 2번 이상 출제한 지문

01 미등기양도자산의 양도소득금액 계산시 장기보유특별공제를 적용할 수 있다. (×)

28회, 29회, 32회

02 미등기양도자산의 양도소득금액 계산시 양도소득기본공제를 적용할 수 있다. (×) 29회, 32회

03 미등기양도자산은 양도소득세 산출세액에 100분의 70을 곱한 금액을 양도소득 결정세액에 더한다. (×) 29회, 32회

04 미등기양도자산인 상가건물의 양도소득세율은 양도소득 과세표준의 100분의 70이다. (○)

29회, 32회

05 법원의 결정에 의하여 양도 당시 취득에 관한 등기가 불가능한 미등기주택은 양도소득세 비과세가 배제되는 미등기양도자산에 해당하지 않는다. (○) 27회, 32회

06 건설사업자가 「도시개발법」에 따라 공사용역 대가로 취득한 체비지를 토지구획환지처분공고 전에 양도하는 토지는 미등기양도자산에 해당하지 않는다. (○) 29회, 34회

07 「도시개발법」에 따른 도시개발사업이 종료되지 아니하여 토지 취득등기를 하지 아니하고 양도하는 토지는 미등기양도제외자산이다. (○) 32회, 34회

08 「도시개발법」에 따른 도시개발사업이 종료되지 아니하여 토지 취득등기를 하지 아니하고 양도하는 토지는 양도소득세 비과세가 배제되는 미등기양도자산에 해당하지 않는다. (○) 32회, 34회

05 양도소득세의 신고와 납부

1 양도소득 과세표준 예정신고 와 납부

(1) 예정신고 · 납부기한

① 토지 · 건물, 부동산에 관한 권리, 기타자산, 신탁 수익권 : 양도일이 속하는 달의 말일부터 2개월 이내(2월 4일, 토지 양도 : 4월 30일)

② 주식 등 : 양도일이 속하는 반기(半期)의 말일부터 2개월 이내
(2월 4일, 주식 양도 : 8월 31일)

③ 부담부증여 : 양도일이 속하는 달의 말일부터 3개월 이내
(2월 4일, 부담부증여 : 5월 31일)

(2) 양도차익이 없거나 양도차손이 발생한 경우에도 적용한다(의무).

(3) 예정신고 · 납부세액공제 : 폐지

(4) 예정신고 · 납부 × ⇨ 가산세 ○

① 무신고가산세
㉠ 일반무신고가산세 : 100분의 20에 상당하는 금액
㉡ 부당무신고가산세 : 100분의 40에 상당하는 금액

② 과소신고가산세
㉠ 일반과소신고가산세 : 100분의 10에 상당하는 금액
㉡ 부당과소신고가산세 : 100분의 40에 상당하는 금액

③ 납부지연가산세 : ㉠ + ㉡
㉠ 미납세액 × (납부기한의 다음 날~납부일) × 1일 10만분의 22
㉡ 납부고지 후 미납세액 × 100분의 3

2 양도소득과세표준 확정신고 와 납부

(1) 양도소득과세표준 확정신고

① 해당 과세기간의 양도소득금액이 있는 거주자는 그 양도소득과세표준을 그 과세기간의 다음
연도 5월 1일부터 5월 31일까지 대통령령으로 정하는 바에 따라 납세지 관할 세무서장에게
신고하여야 한다.

② 해당 과세기간의 과세표준이 없거나 결손금액이 있는 경우에도 적용한다(의무).

③ 예정신고를 한 자는 ①에도 불구하고 해당 소득에 대한 확정신고를 하지 아니할 수 있다.
다만, 당해 연도에 누진세율의 적용대상 자산에 대한 예정신고를 2회 이상 한 자가 이미 신고
한 양도소득금액과 합산하여 신고하지 아니한 경우에는 그러하지 아니하다.

(2) 확정신고 · 납부 × ⇨ 가산세 ○

① **무신고가산세**
　㉠ 일반무신고가산세 : 100분의 20에 상당하는 금액
　㉡ 부당무신고가산세 : 100분의 40에 상당하는 금액

② **과소신고가산세**
　㉠ 일반과소신고가산세 : 100분의 10에 상당하는 금액
　㉡ 부당과소신고가산세 : 100분의 40에 상당하는 금액

③ **납부지연가산세** : ㉠ + ㉡
　㉠ 미납세액 × (납부기한의 다음 날~납부일) × 1일 10만분의 22
　㉡ 납부고지 후 미납세액 × 100분의 3

④ 예정신고와 관련하여 가산세가 부과되는 부분에 대해서는 확정신고와 관련하여 무신고가산세
를 적용하지 아니한다(중복 ×).

(3) 감정가액 또는 환산취득가액 적용에 따른 가산세

거주자가 건물을 신축 또는 증축(증축의 경우 바닥면적 합계가 85제곱미터를 초과하는 경우에 한
정한다)하고 그 건물의 취득일 또는 증축일부터 5년 이내에 해당 건물을 양도하는 경우로서 감정
가액 또는 환산취득가액을 그 취득가액으로 하는 경우에는 해당 건물의 감정가액(증축의 경우 증
축한 부분에 한정한다) 또는 환산취득가액(증축의 경우 증축한 부분에 한정한다)의 100분의 5에
해당하는 금액을 양도소득 결정세액에 더한다.

3 양도소득세의 분할납부와 물납

(1) 분할납부

① 예정신고납부·확정신고 납부할 세액이 각각 1천만원 초과

② 납부기한이 지난 후 2개월 이내

③ **분납할 수 있는 세액**(나중에 낼 수 있는 금액)

  ㉠ 납부할 세액이 2천만원 이하인 때: 1천만원을 초과하는 금액

  ㉡ 납부할 세액이 2천만원을 초과하는 때: 그 세액의 100분의 50 이하의 금액

사례 2월 4일에 토지를 양도한 경우

납부할 세액	예정신고·납부기한(4월 30일)	분할납부(6월 30일)
㉠ 15,000,000원	10,000,000원 ↑	5,000,000원 ↓
㉡ 30,000,000원	15,000,000원 ↑	15,000,000원 ↓

(2) 물납: 폐지(2015년 12월 15일)

4 양도소득세의 부가세: 농어촌특별세(감면세액의 20%)

구 분	① 세액감면 ×	② 세액감면 ○(20% 감면)
과세표준	—	—
× 세 율	—	—
= 산출세액	100,000,000원	100,000,000원
− 세액감면	0원	20,000,000원
= 납부세액	100,000,000원	80,000,000원
농어촌특별세	0원	(20,000,000원 × 20%) = 4,000,000원
총세액	100,000,000원	84,000,000원

사례

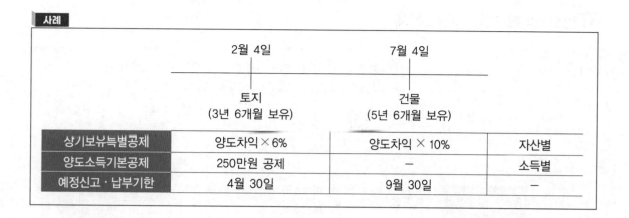

	토지 (3년 6개월 보유)	건물 (5년 6개월 보유)	
장기보유특별공제	양도차익 × 6%	양도차익 × 10%	자산별
양도소득기본공제	250만원 공제	–	소득별
예정신고 · 납부기한	4월 30일	9월 30일	–

5 양도소득에 대한 지방소득세

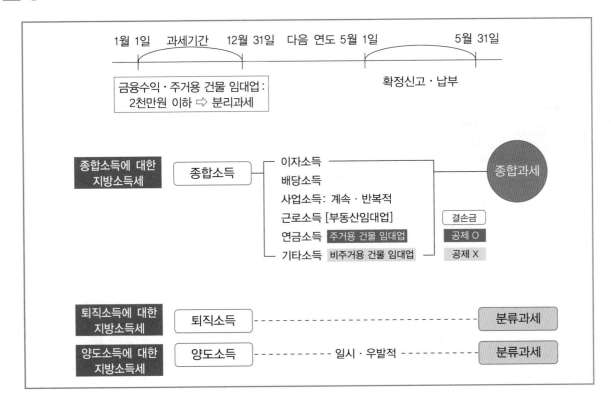

(1) **납세의무자**

「소득세법」에 따른 소득세 또는 「법인세법」에 따른 법인세의 납세의무가 있는 자는 지방소득세를 납부할 의무가 있다.

(2) **과세표준**

① 거주자의 양도소득에 대한 개인지방소득세 과세표준은 종합소득 및 퇴직소득에 대한 개인지방소득세 과세표준과 구분하여 계산한다(분류과세).

② 양도소득에 대한 개인지방소득세 과세표준은 「소득세법」 제92조에 따라 계산한 금액(「조세특례제한법」 및 다른 법률에 따라 과세표준 산정에 관련한 조세감면 또는 중과세 등의 조세특례가 적용되는 경우에는 이에 따라 계산한 금액)으로 한다(= 소득세 과세표준).

(3) **세율: 소득세 세율의 $\dfrac{1}{10}$**

(4) **소액징수면제**

지방소득세로 징수할 세액이 고지서 1장당 2천원 미만인 경우에는 그 지방소득세를 징수하지 아니한다.

⑸ **사 례**

① 등기된 사업용 토지를 6개월 보유한 후 양도한 경우

② 양도소득 과세표준이 100,000,000원이라 가정

구 분	① 양도소득세		② 지방소득세
과세표준	100,000,000원	=	100,000,000원
× 세율	50%	$\dfrac{1}{10}$	5%
= 산출세액	50,000,000원		5,000,000원

▌최근 10개년 기출문제 중 2번 이상 출제한 지문

01 토지 또는 건물을 양도한 경우에는 그 양도일이 속하는 분기의 말일부터 2개월 이내에 양도소득 과세표준을 예정신고해야 한다. (×)　　　　　　　　　　26회, 27회, 29회

02 2025년 3월 21일에 주택을 양도하고 잔금을 청산한 경우 2025년 6월 30일에 예정신고할 수 있다. (×)　　　　　　　　　　26회, 27회, 29회

03 법령에 따른 부담부증여의 채무액에 해당하는 부분으로서 양도로 보는 경우 그 양도일이 속하는 달의 말일부터 3개월 이내에 양도소득 과세표준을 납세지 관할 세무서장에게 신고하여야 한다.　　　　　　　　　　(○) 31회, 33회, 35회

04 부담부증여의 채무액에 해당하는 부분으로서 양도로 보는 경우 그 양도일이 속하는 달의 말일부터 2개월 이내에 양도소득세를 신고하여야 한다. (×)　　　　　　　　　　31회, 33회, 35회

05 양도차익이 없거나 양도차손이 발생한 경우에는 양도소득 과세표준 예정신고 의무가 없다. (×)　　　　　　　　　　27회, 29회, 31회

06 양도차익이 없거나 양도차손이 발생한 경우에도 양도소득 과세표준의 예정신고를 하여야 한다.　　　　　　　　　　(○) 27회, 29회, 31회

07 당해 연도에 누진세율의 적용대상 자산에 대한 예정신고를 2회 이상 한 자가 법령에 따라 이미 신고한 양도소득금액과 합산하여 신고하지 아니한 경우 양도소득세 확정신고를 해야 한다. (○)　　　　　　　　　　29회, 31회

08 건물을 신축하고 그 신축한 건물의 취득일부터 5년 이내에 해당 건물을 양도하는 경우로서 취득 당시의 실지거래가액을 확인할 수 없어 환산가액을 그 취득가액으로 하는 경우에는 양도소득세 산출세액의 100분의 5에 해당하는 금액을 양도소득 결정세액에 더한다. (×)　　29회, 33회

09 건물을 신축하고 그 취득일부터 3년 이내에 양도하는 경우로서 감정가액을 취득가액으로 하는 경우에는 그 감정가액의 100분의 3에 해당하는 금액을 양도소득 결정세액에 가산한다. (×)　　　　　　　　　　29회, 33회

10 양도소득 과세표준 예정신고시에는 납부할 세액이 1천만원을 초과하더라도 그 납부할 세액의 일부를 분할납부할 수 없다. (×)　　　　　　　　　　26회, 27회, 29회, 31회, 33회

11 예정신고납부할 세액이 1천5백만원인 자는 그 세액의 100분의 50의 금액을 납부기한이 지난 후 2개월 이내에 분할납부할 수 있다. (×)　　　　　　　　　　26회, 27회, 29회, 31회, 33회

06 국외자산양도에 대한 양도소득세

1 납세의무자

해당 자산의 양도일까지 계속 5년 이상 국내에 주소 또는 거소를 둔 거주자

2 국외자산 양도소득의 범위(과세대상자산)

다만, 다음에 따른 소득이 국외에서 외화를 차입하여 취득한 자산을 양도하여 발생하는 소득으로서 환율변동으로 인하여 외화차입금으로부터 발생하는 환차익을 포함하고 있는 경우에는 해당 환차익을 양도소득의 범위에서 제외한다.

(1) **토지 또는 건물**

(2) **부동산에 관한 권리**(등기 여부와 관계없이 과세)
   ① 부동산을 취득할 수 있는 권리
   ② 지상권
   ③ 전세권과 부동산임차권

(3) **기타자산**

3 국외자산의 양도가액 · 취득가액의 산정 : 실지거래가액

4 필요경비개산공제 : 적용 배제

5 장기보유특별공제 : 적용 배제

6 국외자산 양도소득 기본공제 : 소득별로 연 250만원을 공제

7 국외자산 양도차익의 외화환산

양도가액 및 필요경비를 수령하거나 지출한 날 현재「외국환거래법」에 의한 기준환율 또는 재정환율

참고 환 율
1. 기준환율 ⇨ $(USD) : ₩
2. 재정환율 ⇨ $(USD) 이외 : ₩

8 국외자산 양도소득세의 세율 : 기본세율(6~45%)

cf 국내자산과 비교 : 미등기양도세율, 보유기간 관계없음

9 국외자산 양도소득에 대한 외국납부세액의 공제(둘 중 선택 가능)

(1) 외국납부세액의 세액공제방법 : 산출세액에서 공제하는 방법(외국납부세액공제)

(2) 외국납부세액의 필요경비 산입방법 : 필요경비에 산입하는 방법

10 분할납부 ○, 물납 ×

최근 10개년 기출문제 중 2번 이상 출제한 지문

01 거주자 甲이 국외에 있는 양도소득세 과세대상 X토지의 양도일까지 계속 5년 이상 국내에 주소 또는 거소를 둔 경우에만 해당 양도소득에 대한 납세의무가 있다. (○) 27회, 30회, 32회

02 거주자 甲이 국외에서 외화를 차입하여 X토지를 취득한 경우 환율변동으로 인하여 외화차입금 으로부터 발생한 환차익은 양도소득의 범위에서 제외한다. (○) 30회, 32회

03 거주자 甲의 국외주택 양도로 발생하는 소득이 환율변동으로 인하여 외화차입금으로부터 발생 하는 환차익을 포함하고 있는 경우에는 해당 환차익을 양도소득의 범위에서 제외한다. (○) 30회, 32회

04 국외에 있는 부동산에 관한 권리로서 미등기 양도자산의 양도로 발생하는 소득은 양도소득의 범 위에 포함된다. (○) 31회, 35회

05 국외 양도자산이 부동산임차권인 경우 등기여부와 관계없이 양도소득세가 과세된다. (○) 31회, 35회

06 국외자산의 양도가액은 그 자산의 양도 당시의 실지거래가액으로 한다. 다만, 양도 당시의 실지 거래가액을 확인할 수 없는 경우에는 양도자산이 소재하는 국가의 양도 당시 현황을 반영한 시 가에 따르되, 시가를 산정하기 어려울 때에는 그 자산의 종류, 규모, 거래상황 등을 고려하여 대 통령령으로 정하는 방법에 따른다. (○) 30회, 31회, 35회

07 양도 당시의 실지거래가액이 확인되더라도 외국정부의 평가가액을 양도가액으로 먼저 적용한다. (✕) 30회, 31회, 35회

08 국외토지의 양도에 대한 양도소득세를 계산하는 경우에는 장기보유 특별공제액은 공제하지 아 니한다. (○) 27회, 30회, 31회, 32회, 35회

09 국외자산의 양도에 대한 양도소득이 있는 거주자는 양도소득 기본공제는 적용받을 수 있으나 장 기보유 특별공제는 적용받을 수 없다. (○) 27회, 30회, 31회, 32회, 35회

07 비과세 양도소득

1 비과세 양도소득

> 1. 파산선고에 의한 처분으로 발생하는 소득
> 2. 농지의 교환 또는 분합으로 인하여 발생하는 소득
> 3. 1세대 1주택(고가주택은 제외)과 이에 딸린 토지(주택부수토지)의 양도로 발생하는 소득
> 4. 조합원입주권을 1개 보유한 1세대가 법정 요건을 충족하여 양도하는 경우 해당 조합원입주권을 양도하여 발생하는 소득
> 5. 「지적재조사에 관한 특별법」 제18조에 따른 경계의 확정으로 지적공부상의 면적이 감소되어 같은 법 제20조에 따라 지급받는 조정금
> 📖 8년 이상 자경한 농지의 양도, 농지의 대토로 인하여 발생하는 소득 : 감면

2 농지의 교환 또는 분합으로 인하여 발생하는 소득

⇨ (1) + (2) 동시 충족

(1) **사유요건**(어느 하나에 해당하는 경우)

① 국가 또는 지방자치단체가 시행하는 사업으로 인하여 교환 또는 분합하는 농지

② 국가 또는 지방자치단체가 소유하는 토지와 교환 또는 분합하는 농지

③ 경작상 필요에 의하여 교환하는 농지. 다만, 교환에 의하여 새로이 취득하는 농지를 3년 이상 농지소재지에 거주하면서 경작하는 경우에 한한다.
   cf 새로운 농지의 취득 후 3년 이내에 수용되는 경우에는 3년 이상 농지소재지에 거주하면서 경작한 것으로 본다.

④ 「농어촌정비법」·「농지법」·「한국농어촌공사 및 농지관리기금법」 또는 「농업협동조합법」에 의하여 교환 또는 분합하는 농지

(2) **금액요건**

교환 또는 분합하는 쌍방 토지가액의 차액이 가액이 큰 편의 4분의 1 이하인 경우

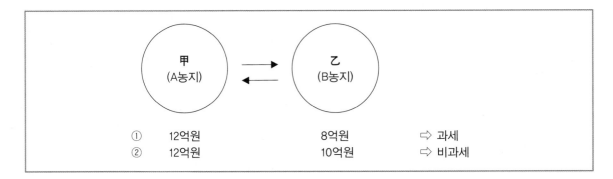

용어

1. **농지**(2019년 30회 기출)

   농지란 논밭이나 과수원으로서 지적공부의 지목과 관계없이 실제로 경작에 사용되는 토지를 말하며, 농지의 경영에 직접 필요한 농막, 퇴비사, 양수장, 지소(池沼), 농도(農道) 및 수로(水路) 등에 사용되는 토지를 포함한다.

2. **비사업용 토지**(2019년 30회 기출)

   ① 농지로부터 직선거리 30킬로미터 이내에 있는 지역에 사실상 거주하는 자가 그 소유농지에서 농작업의 2분의 1 이상을 자기의 노동력에 의하여 경작하는 경우 비사업용 토지에서 제외한다(단, 농지는 도시지역 외에 있으며, 소유기간 중 재촌과 자경에 변동이 없고 농업에서 발생한 소득 이외에 다른 소득은 없음).

   ② 「국토의 계획 및 이용에 관한 법률」에 따른 개발제한구역에 있는 농지는 비사업용 토지에 해당하지 아니한다(단, 소유기간 중 개발제한구역 지정·변경은 없음).

   ③ 비사업용 토지에 해당하는지 여부를 판단함에 있어 농지의 판정은 「소득세법」령상 규정이 있는 경우를 제외하고 사실상의 현황에 의하며 사실상의 현황이 분명하지 아니한 경우에는 공부상의 등재현황에 의한다.

1세대 1주택의 양도소득에 대한 비과세

cf 2개 이상의 주택을 같은 날에 양도하는 경우에는 당해 거주자가 선택하는 순서에 따라 주택을 양도한 것으로 본다.

1 1세대의 요건

(1) 원칙

"1세대"란 거주자 및 그 배우자가 그들과 같은 주소 또는 거소에서 생계를 같이 하는 자와 함께 구성하는 가족단위를 말한다.

cf 부부가 각각 단독세대를 구성하였을 경우에도 동일한 세대로 본다.

(2) 예외 : 다음에 해당하는 경우에는 배우자가 없는 때에도 1세대로 본다.

① 해당 거주자의 나이가 30세 이상인 경우

② 배우자가 사망하거나 이혼한 경우

③ 「소득세법」에 따른 소득 중 기획재정부령으로 정하는 소득이 「국민기초생활 보장법」 제2조 제11호에 따른 기준 중위소득을 12개월로 환산한 금액의 100분의 40 수준 이상으로서 소유하고 있는 주택 또는 토지를 관리·유지하면서 독립된 생계를 유지할 수 있는 경우. 다만, 미성년자의 경우를 제외하되, 미성년자의 결혼, 가족의 사망 그 밖에 기획재정부령이 정하는 사유로 1세대의 구성이 불가피한 경우에는 그러하지 아니하다.

2 1주택의 요건

(1) **1주택의 개념과 판정기준 : 양도일 현재 국내에 1주택을 보유하고 있는 경우**

　① **주택의 개념** : 상시 주거용으로 사용하는 건물

　② **부수토지**

　　㉠ 도시지역 내의 토지

　　　ⓐ 수도권 내의 토지 중 주거지역·상업지역 및 공업지역 내의 토지 : 3배

　　　ⓑ 수도권 내의 토지 중 녹지지역 내의 토지 : 5배

　　　ⓒ 수도권 밖의 토지 : 5배

　　㉡ 그 밖의 토지 : 10배

　③ 용도의 구분은 공부상의 용도에 불구하고 사실상의 용도에 따른다.

　④ 소유하고 있던 공부상 주택인 1세대 1주택을 거주용이 아닌 영업용 건물(점포·사무소 등)로 사용하다가 양도하는 때에는 1세대 1주택으로 보지 아니한다.

　⑤ 「건축법 시행령」 별표1 제1호 다목에 해당하는 <u>다가구주택</u>은 한 가구가 독립하여 거주할 수 있도록 구획된 부분을 <u>각각 하나의 주택</u>으로 본다. 다만, 해당 다가구주택을 구획된 부분별로 양도하지 아니하고 <u>하나의 매매단위</u>로 하여 양도하는 경우에는 그 <u>전체를 하나의 주택</u>으로 본다.

(2) **겸용주택**

　① 하나의 건물이 주택과 주택 외의 부분으로 복합되어 있는 경우와 주택에 딸린 토지에 주택 외의 건물이 있는 경우에는 그 전부를 주택으로 본다.

　　📖 <u>주택의 면적 > 주택 외의 면적 : 전부를 주택으로 본다.</u>

　② 다만, 주택의 연면적이 주택 외의 부분의 연면적보다 적거나 같을 때에는 주택 외의 부분은 주택으로 보지 아니한다.

　　📖 (주택의 연면적 ≤ 주택 외의 부분의 연면적 : <u>주택 외의 부분은 주택으로 보지 아니한다</u>) ＝ 주택만 주택으로 본다.

사례 도시지역 내 수도권 내 녹지지역 내의 토지, 과세되는 면적?

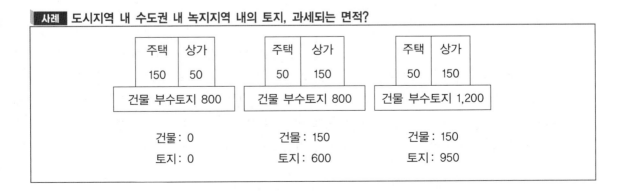

(3) 고가주택

① 주택 및 이에 딸린 토지의 <u>양도 당시 실지거래가액의 합계액</u>이 <u>12억원을 초과하는 것</u>

cf 주택의 종류·면적·시설·기준시가와 관계 ✕

㉠ <u>1세대 1주택 비과세에 해당하는 경우</u> ⇨ 12억원을 초과하는 부분에 대하여는 과세 (부분과세)	ⓐ 고가주택의 양도차익: 양도차익 $\times \dfrac{\text{양도가액} - 12억원}{\text{양도가액}}$ ⓑ 고가주택의 장기보유특별공제액: 장기보유특별공제액 $\times \dfrac{\text{양도가액} - 12억원}{\text{양도가액}}$
㉡ 1세대 1주택 비과세에 해당되지 않는 경우	고가주택상당부분에 대해 과세

② 단독주택으로 보는 다가구주택의 경우에는 그 전체를 하나의 주택으로 보아 고가주택에 해당하는지의 여부를 판정한다.

[사례] **1세대 1주택을 25억원에 양도한 경우**(취득가액 19억5천만원, 양도비 및 자본적지출액 5천만원, 보유기간과 거주기간 5년 6개월로 동일)

		고가주택
양도가액	2,500,000,000원	—
− **취득가액**	1,950,000,000원	—
− **기타필요경비**	50,000,000원	—
= **양도차익**	500,000,000원	양도차익 $\times \dfrac{(\text{양도가액} - 12억원)}{\text{양도가액}}$ $= 5억원 \times \dfrac{(25억원 - 12억원)}{25억원}$ $= 5억원 \times \dfrac{13억원}{25억원}$ $= 260,000,000원$
− **장기보유특별공제**	$(500,000,000 \times 40\%)$ $= 200,000,000$	장기보유특별공제 $\times \dfrac{(\text{양도가액} - 12억원)}{\text{양도가액}}$ $= 2억원 \times \dfrac{(25억원 - 12억원)}{25억원}$ $= 2억원 \times \dfrac{13억원}{25억원}$ $= 104,000,000원$
= **양도소득금액**	—	156,000,000원
− **양도소득기본공제**	—	2,500,000원
= **양도소득과세표준**	—	153,500,000원
× **세 율**	—	38%(누진공제 19,940,000원)
= **산출세액**	—	38,390,000원

③ 1세대 1주택의 특례(소득세법시행령 제155조)

> **주의** **1세대 2주택**
> 1. 원칙 : 과세
> 2. 예외 : 1세대 1주택으로 본다.

(1) 일시적인 2주택의 경우

국내에 1주택을 소유한 1세대가 그 주택("종전의 주택")을 양도하기 전에 다른 주택("신규 주택")을 취득(자기가 건설하여 취득한 경우를 포함한다)함으로써 일시적으로 2주택이 된 경우 종전의 주택을 취득한 날부터 1년 이상이 지난 후 신규 주택을 취득하고 신규 주택을 취득한 날부터 3년 이내에 종전의 주택을 양도하는 경우(제18항에 따른 사유에 해당하는 경우를 포함한다)에는 이를 1세대 1주택으로 보아 제154조 제1항을 적용한다. 이 경우 제154조 제1항 제1호, 같은 항 제2호 가목 및 같은 항 제3호의 어느 하나에 해당하는 경우에는 종전의 주택을 취득한 날부터 1년 이상이 지난 후 다른 주택을 취득하는 요건을 적용하지 않으며, 종전의 주택 및 그 부수토지의 일부가 제154조 제1항 제2호 가목에 따라 협의매수되거나 수용되는 경우로서 해당 잔존하는 주택 및 그 부수토지를 그 양도일 또는 수용일부터 5년 이내에 양도하는 때에는 해당 잔존하는 주택 및 그 부수토지의 양도는 종전의 주택 및 그 부수토지의 양도 또는 수용에 포함되는 것으로 본다.

(2) 상속으로 인한 2주택의 경우

상속받은 주택(조합원입주권을 상속받아 사업시행 완료 후 취득한 신축주택을 포함)과 그 밖의 주택(상속개시 당시 보유한 주택만 해당한다. "일반주택")을 국내에 각각 1개씩 소유하고 있는 1세대가 일반주택을 양도하는 경우에는 국내에 1개의 주택을 소유하고 있는 것으로 보아 소득세법시행령 제154조 제1항을 적용한다.

(3) 직계존속의 동거봉양을 위한 일시적인 2주택의 경우

1주택을 보유하고 1세대를 구성하는 자가 1주택을 보유하고 있는 60세 이상의 직계존속(배우자의 직계존속을 포함하며, 직계존속 중 어느 한 사람이 60세 미만인 경우를 포함)을 동거봉양하기 위하여 세대를 합침으로써 1세대가 2주택을 보유하게 되는 경우 합친 날부터 10년 이내에 먼저 양도하는 주택은 이를 1세대 1주택으로 보아 소득세법시행령 제154조 제1항을 적용한다.

⑷ **혼인으로 인한 일시적인 2주택의 경우**

1주택을 보유하는 자가 1주택을 보유하는 자와 혼인함으로써 1세대가 2주택을 보유하게 되는 경우 또는 1주택을 보유하고 있는 60세 이상의 직계존속을 동거봉양하는 무주택자가 1주택을 보유하는 자와 혼인함으로써 1세대가 2주택을 보유하게 되는 경우 각각 <u>혼인한 날부터 10년 이내에</u> <u>먼저 양도하는 주택</u>은 이를 1세대 1주택으로 보아 소득세법시행령 제154조 제1항을 적용한다.

⑸ **지정문화재 및 등록문화재 주택을 소유한 경우**

법률에 따른 지정문화유산, 국가등록문화유산 및 천연기념물 등에 해당하는 주택과 그 밖의 주택("일반주택")을 국내에 각각 1개씩 소유하고 있는 1세대가 <u>일반주택</u>을 양도하는 경우에는 국내에 1개의 주택을 소유하고 있는 것으로 보아 소득세법시행령 제154조 제1항을 적용한다.

⑹ **농어촌주택 소유에 관한 특례**

다음 각 호의 어느 하나에 해당하는 주택으로서 수도권 밖의 지역 중 읍지역(도시지역 안의 지역을 제외한다) 또는 면지역에 소재하는 주택("농어촌주택"이라 한다)과 그 외의 주택("일반주택"이라 한다)을 국내에 각각 1개씩 소유하고 있는 1세대가 <u>일반주택</u>을 양도하는 경우에는 국내에 1개의 주택을 소유하고 있는 것으로 보아 소득세법시행령 제154조 제1항을 적용한다. 다만, ③의 주택에 대해서는 그 주택을 취득한 날부터 5년 이내에 일반주택을 양도하는 경우에 한정하여 적용한다.

① 상속받은 주택(피상속인이 취득 후 5년 이상 거주한 사실이 있는 경우에 한한다)
② 이농인(어업에서 떠난 자를 포함한다)이 취득일 후 5년 이상 거주한 사실이 있는 이농주택
③ 영농 또는 영어의 목적으로 취득한 귀농주택

⑺ **실수요 목적으로 취득한 지방주택에 대한 특례**

취학, 근무상의 형편, 질병의 요양, 그 밖에 부득이한 사유로 취득한 수도권 밖에 소재하는 주택과 그 밖의 주택("일반주택")을 국내에 각각 1개씩 소유하고 있는 1세대가 <u>부득이한 사유가 해소된</u> <u>날부터 3년 이내에</u> 일반주택을 양도하는 경우에는 국내에 1개의 주택을 소유하고 있는 것으로 보아 소득세법시행령 제154조 제1항을 적용한다.

4 2년 이상 보유의 요건

(1) 2년 이상 보유의 개념과 그 판정기준

양도일 현재 해당 주택의 보유기간이 2년 이상인 것을 말한다.

① **원칙** : 보유기간 2년 이상(거주기간 ×)

② 2017년 8월 3일 이후 취득 당시에 조정대상지역에 있는 주택(보유기간 2년 이상 + 거주기간 2년 이상)

③ **보유기간** : 취득일~양도일

④ **거주기간** : 주민등록표상의 전입일자~전출일자

⑤ 거주하거나 보유하는 중에 소실·무너짐·노후 등으로 인하여 멸실되어 재건축한 주택인 경우에는 그 멸실된 주택과 재건축한 주택에 대한 거주기간 및 보유기간을 통산한다.

(2) 보유기간 및 거주기간의 제한을 받지 아니하는 경우

① **5년 이상 거주한 건설임대주택을 양도하는 경우**

「민간임대주택에 관한 특별법」에 따른 민간건설임대주택 또는 「공공주택 특별법」에 따른 공공건설임대주택을 취득하여 양도하는 경우로서 해당 건설임대주택의 임차일부터 해당 주택의 양도일까지의 기간 중 세대전원이 거주(기획재정부령으로 정하는 취학, 근무상의 형편, 질병의 요양, 그 밖에 부득이한 사유로 세대의 구성원 중 일부가 거주하지 못하는 경우를 포함한다)한 기간이 5년 이상인 경우

② **수용 등의 경우**(거주기간 제한 ×)

㉠ 수용 : 주택 및 그 부수토지(사업인정 고시일 전에 취득한 주택 및 그 부수토지에 한함)의 전부 또는 일부가 「공익사업을 위한 토지 등의 취득 및 보상에 관한 법률」에 의한 협의매수·수용 및 그 밖의 법률에 의하여 수용되는 경우(양도일 또는 수용일부터 5년 이내에 양도하는 그 잔존주택 및 그 부수토지를 포함)

㉡ 이민 : 「해외이주법」에 따른 해외이주로 세대전원이 출국하는 경우. 다만, 출국일 현재 1주택을 보유하고 있는 경우로서 출국일부터 2년 이내에 양도하는 경우에 한한다.

㉢ 유학, 주재원 파견 : 1년 이상 계속하여 국외거주를 필요로 하는 취학 또는 근무상의 형편으로 세대전원이 출국하는 경우. 다만, 출국일 현재 1주택을 보유하고 있는 경우로서 출국일부터 2년 이내에 양도하는 경우에 한한다.

③ 1년 이상 거주한 주택을 취학(고등학교 이상), 근무상의 형편, 질병의 요양(1년 이상의 치료 또는 요양), 학교 폭력으로 인한 전학, 그 밖에 부득이한 사유로 다른 시·군으로 주거를 이전하는 경우

▌ 최근 10개년 기출문제 중 2번 이상 출제한 지문

01 농지를 교환할 때 쌍방 토지가액의 차액이 가액이 큰 편의 3분의 1인 경우 발생하는 소득은 비과세된다. (×) 27회, 30회, 34회

02 「국토의 계획 및 이용에 관한 법률」에 따른 주거지역·상업지역·공업지역 외에 있는 농지(환지예정지 아님)를 경작상 필요에 의하여 교환함으로써 발생한 소득은 쌍방 토지가액의 차액이 가액이 큰 편의 4분의 1 이하이고 새로이 취득한 농지를 3년 이상 농지소재지에 거주하면서 경작하는 경우 비과세한다. (○) 27회, 30회, 34회

03 "고가주택"이란 기준시가 12억원을 초과하는 주택을 말한다. (×) 26회, 27회, 28회, 31회, 34회

04 법령에 따른 고가주택에 해당하는 자산의 양도차익은 소득세법 제95조 제1항에 따른 양도차익에 "양도가액에서 12억원을 차감한 금액이 양도가액에서 차지하는 비율"을 곱하여 산출한다. (○) 26회, 27회, 28회, 29회, 31회, 34회

05 양도 당시 실지거래가액이 15억원인 1세대 1주택의 양도로 발생하는 양도차익 전부가 비과세된다. (×) 26회, 27회, 28회, 29회, 31회, 34회

06 1세대 1주택 비과세 요건을 충족하는 고가주택의 양도가액이 15억원이고 양도차익이 5억원인 경우 양도소득세가 과세되는 양도차익은 3억원이다. (×) 26회, 27회, 28회, 29회, 31회, 34회

07 거주자가 2024년 취득 후 계속 거주한 법령에 따른 고가주택을 2025년 5월에 양도하는 경우 장기보유특별공제의 대상이 되지 않는다. (○) 26회, 27회, 28회, 29회, 31회, 34회

08 1주택을 보유하는 자가 1주택을 보유하는 자와 혼인함으로써 1세대가 2주택을 보유하게 되는 경우 혼인한 날부터 10년 이내에 먼저 양도하는 주택은 이를 1세대 1주택으로 보아 제154조 제1항을 적용한다. (○) 29회, 33회

09 직장의 변경으로 세대전원이 다른 시로 주거를 이전하는 경우 6개월간 거주한 1주택을 양도하면 비과세된다. (×) 27회, 35회

10 사업상의 형편으로 인하여 세대전원이 다른 시·군으로 주거를 이전하게 되어 6개월 거주한 주택을 양도하는 경우 보유기간 및 거주기간의 제한을 받지 아니하고 양도소득세가 비과세된다. (×) 27회, 35회

08 이월과세(양도소득의 필요경비 계산 특례)

📖 배우자ㆍ직계존비속 간 증여재산에 대한 이월과세

　토지, 건물, 부동산을 취득할 수 있는 권리, 특정시설물 이용권ㆍ회원권

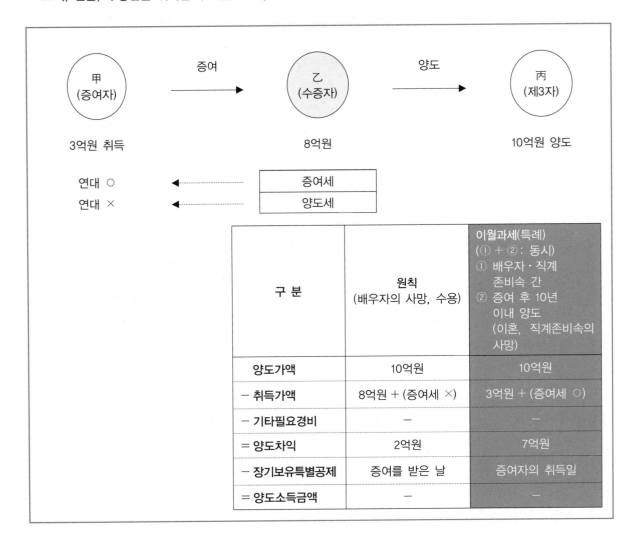

구 분	원칙 (배우자의 사망, 수용)	이월과세(특례) (① + ② : 동시) ① 배우자ㆍ직계 　존비속 간 ② 증여 후 10년 　이내 양도 　(이혼, 직계존비속의 　사망)
양도가액	10억원	10억원
− 취득가액	8억원 + (증여세 ×)	3억원 + (증여세 ○)
− 기타필요경비	−	−
= 양도차익	2억원	7억원
− 장기보유특별공제	증여를 받은 날	증여자의 취득일
= 양도소득금액	−	−

> 참고
>
> **이월과세의 적용배제 ⇨ 원칙**
>
> 1. 사업인정고시일부터 소급하여 2년 이전에 배우자ㆍ직계존비속으로부터 증여받은 경우로서 법률에 따라 협의매수 또는 수용된 경우
> 2. 이월과세를 적용할 경우 1세대 1주택의 양도소득에 대한 비과세대상 주택의 양도에 해당하게 되는 경우
> 3. 이월과세를 적용하여 계산한 양도소득결정세액이 이월과세를 적용하지 않고 계산한 양도소득결정세액보다 적은 경우

▌ 최근 10개년 기출문제 중 2번 이상 출제한 지문

01 이월과세를 적용하는 경우 거주자가 배우자로부터 증여받은 자산에 대하여 납부한 증여세를 필요경비에 산입하지 아니한다. (×)

28회, 31회, 32회, 35회

02 양도일부터 소급하여 10년 이내에 그 배우자로부터 증여받은 토지의 양도차익을 계산할 때 그 증여받은 토지에 대하여 납부한 증여세는 양도가액에서 공제할 필요경비에 산입하지 아니한다. (×)

28회, 31회, 32회, 35회

03 「소득세법」 제97조의2 제1항에 따라 이월과세를 적용받는 경우 장기보유특별공제의 보유기간은 증여자가 해당 자산을 취득한 날부터 기산한다. (○)

28회, 31회, 32회, 35회

04 이월과세를 적용받은 자산의 보유기간은 증여한 배우자가 그 자산을 증여한 날을 취득일로 본다.

(×) 28회, 31회, 32회, 35회

09 부당행위계산부인

1 저가양도 · 고가양수

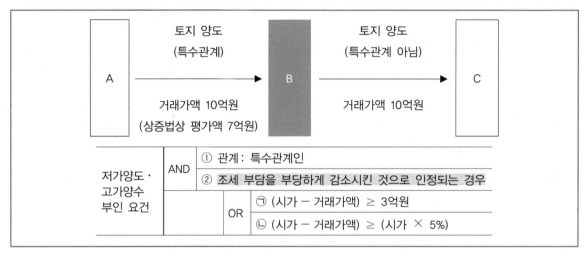

저가양도 · 고가양수 부인 요건	AND	① 관계 : 특수관계인	
		② 조세 부담을 부당하게 감소시킨 것으로 인정되는 경우	
		OR	㉠ (시가 − 거래가액) ≥ 3억원
			㉡ (시가 − 거래가액) ≥ (시가 × 5%)

📖 B의 취득가액은 상증법상 평가액인 7억원

2 증여 후 양도행위의 부인(우회양도 부인)

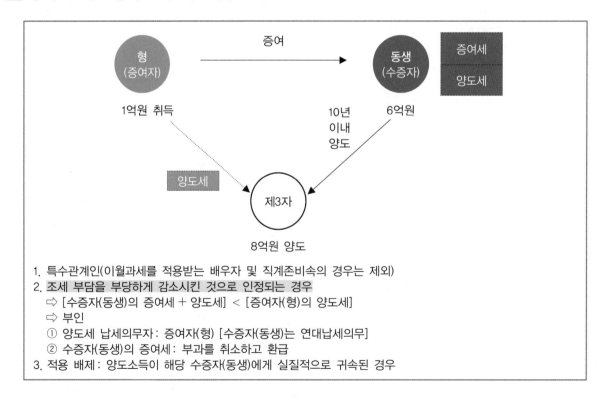

1. 특수관계인(이월과세를 적용받는 배우자 및 직계존비속의 경우는 제외)
2. 조세 부담을 부당하게 감소시킨 것으로 인정되는 경우
   ⇨ [수증자(동생)의 증여세 + 양도세] < [증여자(형)의 양도세]
   ⇨ 부인
   ① 양도세 납세의무자 : 증여자(형) [수증자(동생)는 연대납세의무]
   ② 수증자(동생)의 증여세 : 부과를 취소하고 환급
3. 적용 배제 : 양도소득이 해당 수증자(동생)에게 실질적으로 귀속된 경우

최근 10개년 기출문제 중 2번 이상 출제한 지문

01 거주자가 특수관계인과의 거래(시가와 거래가액의 차액이 5억원임)에 있어서 토지를 시가에 미달하게 양도함으로써 조세의 부담을 부당히 감소시킨 것으로 인정되는 때에는 그 양도가액을 시가에 의하여 계산한다. (○) 28회, 31회

02 A법인과 특수관계에 있는 주주가 시가 3억원(「법인세법」 제52조에 따른 시기임)의 토시를 A법인에게 5억원에 양도한 경우 양도가액은 3억원으로 본다. 단, A법인은 이 거래에 대하여 세법에 따른 처리를 적절하게 하였다. (○) 28회, 31회

03 특수관계인에게 증여한 자산에 대해 증여자인 거주자에게 양도소득세가 과세되는 경우 수증자가 부담한 증여세 상당액은 양도가액에서 공제할 필요경비에 산입한다. (×) 28회, 31회, 33회

---

1 **지방세**(특별시세 · 광역시세, 도세)

2 확정 : 신고 · 납부

01 취득

1 사실상의 취득

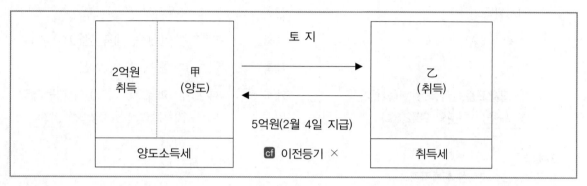

📖 **법조문**

부동산 등의 취득은 관계 법령에 따른 등기·등록 등을 하지 아니한 경우라도 사실상 취득하면 각각 취득한 것으로 보고 해당 취득물건의 소유자 또는 양수인을 각각 취득자로 한다.

2 취득의 구분

취 득				
사실상의 취득	원시취득	토지	공유수면매립·간척	
		건축물	건축 (신축과 재축)	
	승계취득	유상승계	매매, 교환, 현물출자	
		무상승계	상속, 증여	
취득의제 (간주취득)	토지	지목변경	임야 ⇨ 대지	
	건축물	건축(신축과 재축은 제외), 개수		
	과점주주 의 취득	50%초과, 설립 ×	① 최초(모두) ② 증가된 경우(증가분)	

주의 개 수

1. 대수선
2. 엘리베이터
3. 과세표준 : 취득당시가액(＝사실상 취득가격)
4. 세율 : 2%(중과기준세율)
5. 납세의무자 : 주체구조부 취득자

3 건축의 구분

—	건축	—
원시취득	신축	취득의제
(신축, 재축)	증축	건축(신축, 재축 제외)
	재축	⇨ 증축, 개축, 이전
① 과세표준 : 사실상 취득가격	개축	① 과세표준 : 사실상 취득가격
② 세율 : 1천분의 28(2.8%)	이전	② 세율 : 1천분의 28(2.8%)

📖 법조문

1. 과세표준 : 사실상 취득가격

   취득 시기 이전에 해당 물건을 취득하기 위하여 거래 상대방 또는 제3자에게 지급하였거나 지급하여야 할 일체의 비용 등

2. 세 율

   건축(신축과 재축은 제외한다) 또는 개수로 인하여 건축물 면적이 증가할 때에는 그 증가된 부분에 대하여 원시취득으로 보아 제1항 제3호의 세율(1천분의 28)을 적용한다.

4 토지의 지목변경

구 분	△△	⟶	▭
지 목	임 야	—	대 지
—	100,000,000원	—	300,000,000원
소요된 비용	—	50,000,000원	—
① 과세표준	—	변경으로 증가한 가액에 해당하는 사실상 취득가격 200,000,000원 (3억원 − 1억원)	—
② 세율 : 2% (세율의 특례)	—	2% (중과기준세율)	—
③ 산출세액	—	4,000,000원	—

5 과점주주(50% 초과 + 실질적 행사) 취득의제

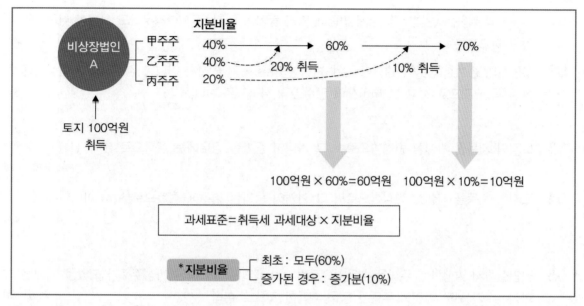

① 법인설립시에 발행하는 주식 또는 지분을 취득함으로써 과점주주가 된 경우에는 <u>취득으로 보지</u> 아니한다.

② 증가된 후의 주식 등의 비율이 해당 과점주주가 <u>이전에 가지고 있던</u> 주식 등의 <u>최고비율</u>보다 증가되지 아니한 경우에는 취득세를 부과하지 아니한다.

③ 과점주주 집단 내부에서 주식이 이전되었으나 과점주주 집단이 소유한 총주식의 비율에 변동이 없다면 과점주주 간주취득세의 납세의무는 없다.

최근 10개년 기출문제 중 2번 이상 출제한 지문

01 부동산의 취득은 「민법」 등 관계 법령에 따른 등기를 하지 아니한 경우라도 사실상 취득하면 취득한 것으로 본다. (○)
27회, 32회, 34회

02 부동산의 승계취득은 「민법」 등 관계 법령에 따른 등기를 하지 아니한 경우라도 사실상 취득하면 취득한 것으로 보고 그 부동산의 양수인을 취득자로 한다. (○)
27회, 32회, 34회

03 토지의 지목을 사실상 변경함으로써 그 가액이 증가한 경우에는 취득으로 본다. (○)
26회, 32회, 35회

04 토지의 지목을 사실상 변경함으로써 그 가액이 증가한 경우에 취득으로 보지 아니한다. (×)
26회, 32회, 35회

05 법인설립시 발행하는 주식을 취득함으로써 지방세기본법에 따른 과점주주가 되었을 때에는 그 과점주주가 해당 법인의 부동산 등을 취득한 것으로 본다. (×)
26회, 29회

06 경매를 통하여 배우자의 부동산을 취득하는 경우에는 유상으로 취득한 것으로 본다. (○)
27회, 34회

07 직계비속이 공매를 통하여 직계존속의 부동산을 취득하는 경우 유상으로 취득한 것으로 본다. (○)
27회, 34회

08 직계비속이 직계존속의 부동산을 매매로 취득하는 때에 해당 직계비속의 다른 재산으로 그 대가를 지급한 사실이 입증되는 경우 유상으로 취득한 것으로 본다. (○)
27회, 34회

09 직계비속이 권리의 이전에 등기가 필요한 직계존속의 부동산을 서로 교환한 경우 무상으로 취득한 것으로 본다. (×)
27회, 32회, 34회

02 취득세 과세대상

1 토 지

2 건축물 : 사실상 용도에 따라 과세, 무허가 건축물도 과세

(1) 건축물

(2) 토지에 정착하거나 지하 또는 다른 구조물에 설치하는 시설

① 레저시설 : 수영장, 스케이트장, 골프연습장(「체육시설의 설치·이용에 관한 법률」에 따라 골프연습장업으로 신고된 20타석 이상의 골프연습장만 해당), 전망대, 옥외스탠드, 유원지의 옥외오락시설

② 저장시설

③ 도크시설 및 접안시설

④ 도관시설

⑤ 급·배수시설

⑥ 에너지 공급시설

⑦ 기타시설

3 차량, 기계장비, 선박, 항공기

cf 원시취득 : 과세 제외, 승계취득 : 과세

4 광업권, 어업권, 양식업권

cf 출원에 의한 원시취득은 면제, 승계취득은 과세

5 입 목

6 골프 회원권, 승마 회원권, 콘도미니엄 회원권, 종합체육시설 이용 회원권, 요트 회원권

03 취득세 납세의무자

1 원 칙

등기 · 등록에도 불구하고 사실상의 취득자가 납세의무를 부담

2 예 외

(1) **주체구조부 취득자** : 건축물 중 조작 설비, 그 밖의 부대설비에 속하는 부분으로서 그 주체구조부와 하나가 되어 건축물로서의 효용가치를 이루고 있는 것에 대하여는 주체구조부 취득자 외의 자가 가설 (加設)한 경우에도 주체구조부의 취득자가 함께 취득한 것으로 본다.

> 예시 | 엘리베이터
>
> 1. 임차인이 가설
> 2. 취득세 납세의무자 : 건물주

(2) **변경시점의 소유자** : 토지의 지목을 사실상 변경하는 경우

(3) **상속인** : 상속으로 인하여 취득하는 경우

(4) **조합원** : 주택조합 등이 해당 조합원용으로 취득하는 조합주택용 부동산

(5) **과점주주**

① 법인의 과점주주가 아닌 주주 또는 유한책임사원이 다른 주주 또는 유한책임사원의 주식 또는 지분("주식 등"이라 한다)을 취득하거나 증자 등으로 최초로 과점주주가 된 경우에는 최초로 과점주주가 된 날 현재 해당 과점주주가 소유하고 있는 법인의 주식 등을 모두 취득한 것으로 보아 취득세를 부과한다.

> 설립시(40%) ⇨ 20% 취득 ⇨ 60%(최초, 모두)

② 이미 과점주주가 된 주주 또는 유한책임사원이 해당 법인의 주식 등을 취득하여 해당 법인의 주식 등의 총액에 대한 과점주주가 가진 주식 등의 비율이 증가된 경우에는 그 증가분을 취득으로 보아 취득세를 부과한다.

> 설립시(40%) ⇨ 20% 취득 ⇨ 60%(최초, 모두) ⇨ 20% 취득 ⇨ 80%(증가된 경우, 증가분 20%)

다만, 증가된 후의 주식 등의 비율이 해당 과점주주가 이전에 가지고 있던 주식 등의 최고비율보다 증가되지 아니한 경우에는 취득세를 부과하지 아니한다.

> 참고 (개정) 과점주주 주식 증가분에 대한 5년 기간제한 규정을 삭제하여, 입법취지를 명확히 반영하고 해석상 다툼 방지

> 📖 **적용사례** : 주식비율이 80% ⇨ 40%(5년 경과) ⇨ 70%(5년 미경과) ⇨ 90%로 변경시 ⇨ 10%(90~80%)만 과세

③ 법인설립시에 발행하는 주식 또는 지분을 취득함으로써 과점주주가 된 경우에는 취득으로 보지 아니한다.

▍최근 10개년 기출문제 중 2번 이상 출제한 지문

01 건축물 중 조작설비로서 그 주체구조부와 하나가 되어 건축물로서의 효용가치를 이루고 있는 것에 대하여는 주체구조부 취득자 외의 자가 가설한 경우에도 주체구조부의 취득자가 함께 취득한 것으로 본다. (○) 26회, 33회, 34회

02 건축물 중 조작 설비, 그 밖의 부대설비에 속하는 부분으로서 그 주체구조부와 하나가 되어 건축물로서의 효용가치를 이루고 있는 것에 대하여는 주체구조부 취득자 외의 자가 가설한 경우에도 주체구조부의 취득자가 함께 취득한 것으로 본다. (○) 26회, 33회, 34회

04 취득세 취득시기

1 무상취득

무상취득의 경우에는 그 <u>계약일</u>(상속 또는 유증으로 인한 취득의 경우에는 <u>상속 또는 유증 개시일</u>을 말한다)에 취득한 것으로 본다. 다만, 해당 취득물건을 <u>등기·등록하지 않고</u> 법에서 정한 서류로 <u>계약이 해제</u>된 사실이 입증되는 경우에는 <u>취득한 것으로 보지 않는다</u>. 취득일 전에 등기 또는 등록을 한 경우에는 그 <u>등기일 또는 등록일</u>에 취득한 것으로 본다.

(1) 상속(유증, 사인증여 포함)

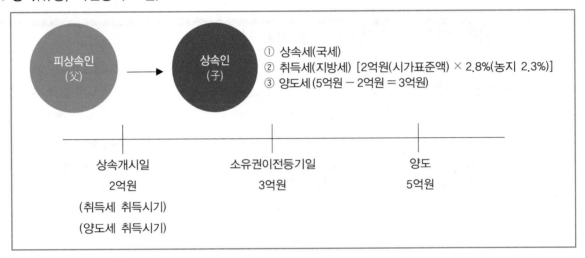

(2) 증여

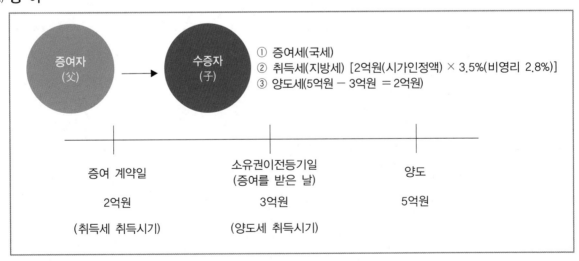

① **이월과세**: 증여자의 취득일
② **취득세**: 증여 계약일

② 유상승계취득

(1) 사실상의 잔금지급일

(2) 사실상의 잔금지급일을 확인할 수 없는 경우에는 그 <u>계약상의 잔금지급일</u>(계약상 잔금지급일이 명시되지 않은 경우에는 계약일부터 60일이 경과한 날을 말한다). 다만, 해당 취득물건을 <u>등기·등록하지 않고 법에서 정한 서류로 계약이 해제된 사실이 입증되는 경우에는 취득한 것으로 보지 않는다.</u>

(3) **예외**: 취득일 전에 등기 또는 등록을 한 경우에는 그 <u>등기일 또는 등록일</u>에 취득한 것으로 본다.

③ 연부취득 : 2년 이상

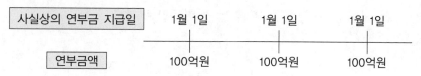

사례 **토지 300억원 취득**

"연부(年賦)"란 매매계약서상 연부계약 형식을 갖추고 일시에 완납할 수 없는 대금을 2년 이상에 걸쳐 일정액씩 분할하여 지급하는 것을 말한다.

| 사실상의 연부금 지급일 | 1월 1일 | 1월 1일 | 1월 1일 |
| 연부금액 | 100억원 | 100억원 | 100억원 |

1. **취득시기**
   (1) 사실상의 연부금 지급일
   (2) 취득일 전에 등기 또는 등록을 한 경우: 그 등기일 또는 등록일

2. **과세표준**: 연부금액(매회 사실상 지급되는 금액을 말하며, 취득금액에 포함되는 계약보증금을 포함한다)

④ 건축물을 건축(신축) 또는 개수하여 취득하는 경우[구청(준공검사) ⇨ 등기소(보존등기)]

<u>사용승인서</u>(준공검사 증명서, 준공인가증 및 사용승인서에 준하는 서류를 포함)를 내주는 날(사용승인서를 내주기 전에 임시사용승인을 받은 경우에는 그 임시사용승인일, 사용승인서 또는 임시사용승인서를 받을 수 없는 건축물의 경우에는 사실상 사용이 가능한 날)과 사실상의 사용일 중 빠른 날

5 「주택법」제11조에 따른 주택조합이 주택건설사업을 하면서 조합원으로부터 취득하는 토지 중 조합원에게 귀속되지 아니하는 토지를 취득하는 경우에는 「주택법」제49조에 따른 사용검사를 받은 날에 그 토지를 취득한 것으로 보고, 「도시 및 주거환경정비법」제35조 제3항에 따른 재건축조합이 재건축사업을 하거나 「빈집 및 소규모주택 정비에 관한 특례법」제23조 제2항에 따른 소규모재건축조합이 소규모재건축사업을 하면서 조합원으로부터 취득하는 토지 중 조합원에게 귀속되지 아니하는 토지를 취득하는 경우에는 「도시 및 주거환경정비법」제86조 제2항 또는 「빈집 및 소규모주택 정비에 관한 특례법」제40조 제2항에 따른 소유권이전 고시일의 다음 날에 그 토지를 취득한 것으로 본다.

6 매립·간척으로 인한 원시취득

관계 법령에 따라 매립·간척 등으로 토지를 원시취득하는 경우에는 공사준공인가일을 취득일로 본다. 다만, 공사준공인가일 전에 사용승낙·허가를 받거나 사실상 사용하는 경우에는 사용승낙일·허가일 또는 사실상 사용일 중 빠른 날을 취득일로 본다

7 토지의 지목변경 : 임야 ⇨ 대지

토지의 지목변경에 따른 취득은 토지의 지목이 <u>사실상 변경된 날과 공부상 변경된 날 중 빠른</u> 날을 취득일로 본다. 다만, 토지의 <u>지목변경일 이전에 사용하는 부분</u>에 대해서는 그 <u>사실상의 사용일</u>을 취득일로 본다.

구 분			
지 목	임 야	—	대 지
—	100,000,000원	—	300,000,000원
소요된 비용	—	50,000,000원	—
① 과세표준	—	변경으로 증가한 가액에 해당하는 사실상 취득가격 200,000,000원 (3억원 − 1억원)	—
② 세율 : 2% (세율의 특례)	—	2% (중과기준세율)	—
③ 산출세액	—	4,000,000원	—

8 재산분할

「민법」 제839조의2 및 제843조에 따른 재산분할로 인한 취득의 경우에는 취득물건의 <u>등기일 또는 등록일</u>을 취득일로 본다.

최근 10개년 기출문제 중 2번 이상 출제한 지문

01 증여로 인한 승계취득의 경우 해당 취득물건을 등기·등록하더라도 법에서 정한 서류로 계약이 해제된 사실이 입증되는 경우에는 취득한 것으로 보지 아니한다. (×) 28회, 32회, 34회

02 부동산의 증여계약으로 인한 취득에 있어서 소유권이전등기를 하지 않고 법에서 정한 서류로 계약이 해제된 사실이 입증되는 경우에는 취득한 것으로 보지 않는다. (○) 28회, 32회, 34회

03 상속으로 인한 취득의 경우에는 상속개시일에 취득한 것으로 본다. (○) 30회, 32회, 34회

04 상속으로 인한 취득의 경우에는 상속개시일이 납세의무의 성립시기이다. (○) 30회, 32회, 34회

05 「도시 및 주거환경정비법」에 따른 재건축조합이 재건축 사업을 하면서 조합원으로부터 취득하는 토지 중 조합원에게 귀속되지 아니하는 토지를 취득하는 경우에는 같은 법에 따른 소유권이전 고시일의 다음 날에 그 토지를 취득한 것으로 본다. (○) 28회, 32회, 34회

06 「도시 및 주거환경정비법」 제35조 제3항에 따른 재건축조합이 재건축사업을 하면서 조합원으로부터 취득하는 토지 중 조합원에게 귀속되지 아니하는 토지를 취득하는 경우에는 「도시 및 주거환경정비법」 제86조 제2항에 따른 소유권이전 고시일에 그 토지를 취득한 것으로 본다. (×) 28회, 32회, 34회

07 「도시 및 주거환경정비법」에 따른 재건축조합이 재건축사업을 하면서 조합원으로부터 취득하는 토지 중 조합원에게 귀속되지 아니하는 토지를 취득하는 경우에는 같은 법에 따른 준공인가 고시일의 다음 날이 납세의무의 성립시기이다. (×) 28회, 32회, 34회

08 관계법령에 따라 매립·간척 등으로 토지를 원시취득하는 경우로서 공사준공인가일 전에 사실상 사용하는 경우에는 그 사실상 사용일을 취득일로 본다. (○) 28회, 30회

09 토지의 지목변경에 따른 취득은 토지의 지목이 사실상 변경된 날과 공부상 변경된 날 중 빠른 날을 취득일로 본다. 다만, 토지의 지목변경일 이전에 사용하는 부분에 대해서는 그 사실상의 사용일을 취득일로 본다. (○) 28회, 31회

10 토지의 지목변경에 따른 취득은 토지의 지목이 사실상 변경된 날을 취득일로 본다. (×) 28회, 31회

11 「민법」 제839조의 2에 따른 재산분할로 인한 취득의 경우 지방세법상 취득의 시기는 취득물건의 등기일 또는 등록일이다. (○) 30회, 34회

12 「민법」에 따른 이혼시 재산분할로 인한 부동산 취득의 경우에는 취득물건의 등기일이 납세의무의 성립시기이다. (○) 30회, 34회

05 취득세 과세표준

1 과세표준의 기준(「지방세법」 제10조 : 취득당시의 가액)

취득세의 과세표준은 취득 당시의 가액으로 한다. 다만, 연부로 취득하는 경우 취득세의 과세표준은 연부금액(매회 사실상 지급되는 금액을 말하며, 취득금액에 포함되는 계약보증금을 포함한다)으로 한다.

2 무상취득의 경우 과세표준(「지방세법」 제10조의2)

(1) 부동산 등을 무상취득하는 경우 취득 당시의 가액(이하 "취득당시가액"이라 한다)은 취득시기 현재 불특정 다수인 사이에 자유롭게 거래가 이루어지는 경우 통상적으로 성립된다고 인정되는 가액(매매사례가액, 감정가액, 공매가액 등 대통령령으로 정하는 바에 따라 시가로 인정되는 가액을 말하며, 이하 "시가인정액"이라 한다)으로 한다.

(2) (1)에도 불구하고 다음 각 호의 경우에는 해당 호에서 정하는 가액을 취득당시가액으로 한다.
   ① 상속에 따른 무상취득의 경우 : 시가표준액
   ② 대통령령으로 정하는 가액 이하의 부동산 등(취득물건에 대한 시가표준액이 1억원 이하인 부동산 등)을 무상취득(①의 경우는 제외한다)하는 경우 : 시가인정액과 시가표준액 중에서 납세자가 정하는 가액
   ③ ① 및 ②에 해당하지 아니하는 경우 : 시가인정액으로 하되, 시가인정액을 산정하기 어려운 경우에는 시가표준액

3 유상승계취득의 경우 과세표준(「지방세법」 제10조의3)

(1) 부동산 등을 유상거래(매매 또는 교환 등 취득에 대한 대가를 지급하는 거래를 말한다)로 승계취득하는 경우 취득당시가액은 취득시기 이전에 해당 물건을 취득하기 위하여 거래 상대방이나 제3자에게 지급하였거나 지급하여야 할 일체의 비용으로서 대통령령으로 정하는 사실상의 취득가격(이하 "사실상취득가격"이라 한다)으로 한다.

(2) 지방자치단체의 장은 특수관계인 간의 거래로 그 취득에 대한 조세부담을 부당하게 감소시키는 행위 또는 계산을 한 것으로 인정되는 경우("부당행위계산"이라 한다)에는 (1)에도 불구하고 시가인정액을 취득당시가액으로 결정할 수 있다.

4 원시취득의 경우 과세표준(「지방세법」 제10조의4)

(1) 부동산 등을 원시취득하는 경우 취득당시가액은 사실상 취득가격으로 한다.

(2) (1)에도 불구하고 법인이 아닌 자가 건축물을 건축하여 취득하는 경우로서 사실상 취득가격을 확인할 수 없는 경우의 취득당시가액은 시가표준액으로 한다.

5 취득으로 보는 경우의 과세표준(「지방세법」 제10조의6)

(1) 다음 각 호의 경우 취득당시가액은 그 변경으로 증가한 가액에 해당하는 사실상취득가격으로 한다.
   ① 토지의 지목을 사실상 변경한 경우
      cf 사실상취득가격을 확인할 수 없는 경우(㉠ - ㉡)
         ㉠ 지목변경 이후의 토지에 대한 시가표준액
         ㉡ 지목변경 전의 토지에 대한 시가표준액
   ② 선박, 차량 또는 기계장비의 용도 등 대통령령으로 정하는 사항을 변경한 경우

(2) (1)에도 불구하고 법인이 아닌 자가 (1) 각 호의 어느 하나에 해당하는 경우로서 사실상 취득가격을 확인할 수 없는 경우 취득당시가액은 시가표준액을 대통령령으로 정하는 방법에 따라 계산한 가액으로 한다.

(3) 건축물을 개수하는 경우 취득당시가액은 위 4 (원시취득의 경우 과세표준)에 따른다.

(4) 과점주주가 취득한 것으로 보는 해당 법인의 부동산 등의 취득당시가액은 해당 법인의 결산서와 그 밖의 장부 등에 따른 부동산 등의 총가액을 그 법인의 주식 또는 출자의 총수로 나눈 가액에 과점주주가 취득한 주식 또는 출자의 수를 곱한 금액으로 한다. 이 경우 과점주주는 조례로 정하는 바에 따라 취득당시가액과 그 밖에 필요한 사항을 신고하여야 한다.

부동산의 평가

1 시가 = 시세(보는 사람에 따라 차이가 발생, 변동성의 문제점)

토지(38번지)	甲	110,000,000원
시가 = 시세 = 100,000,000원	乙	90,000,000원

2 공시가격(세법에서 정한 일정한 금액 = 80,000,000원)

구 분		국 세 기준시가 양도소득세	지방세 시가표준액 취득세, 등록면허세, 재산세
(1) 토 지		개별공시지가 (매년 4월말 공시)	개별공시지가 (매년 4월말 공시)
(2) 주 택	① 단독주택	개별주택가격 (매년 4월말 공시)	개별주택가격 (매년 4월말 공시)
	② 공동주택	공동주택가격 (매년 4월말 공시)	공동주택가격 (매년 4월말 공시)
(3) 오피스텔		매년 1회 이상 국세청장이 토지와 건물에 대하여 일괄하여 산정·고시하는 가액	건축물의 시가표준액 = 건물신축가격기준액 × 적용지수 (구조지수 × 용도지수 × 위치지수 × 경과연수별 잔가율 × 가감산율)
(4) 건축물		신축가격 × 구조 × 용도 × 위치 × 잔가율	
(5) 부동산을 취득 할 수 있는 권리 예 일반 분양권		납입한 금액과 프리미엄에 상당하는 금액을 합한 금액	—

용어

1. **양도세**: 기준시가
2. **취득세, 등록면허세, 재산세**: 시가표준액
3. **종합부동산세**: 공시가격

▌ 사실상 취득가격의 범위 등

1 사실상의 취득가격

"대통령령으로 정하는 사실상의 취득가격"(이하 "사실상 취득가격"이라 한다)이란 해당 물건을 취득하기 위하여 거래 상대방 또는 제3자에게 지급했거나 지급해야 할 <u>직접비용</u>과 다음 각 호의 어느 하나에 해당하는 <u>간접비용의 합계액</u>을 말한다. <u>다만, 취득대금을 일시급 등으로 지급하여 일정액을 할인받은 경우에는 그 할인된 금액</u>으로 하고, <u>법인이 아닌 자가 취득한 경우에는 (1), (2) 또는 (7)호의 금액을 제외한 금액으로 한다.</u>

(1) <u>건설자금에 충당한 차입금의 이자</u> 또는 이와 유사한 금융비용. 다만, 법인이 아닌 자가 취득한 경우에는 해당 금액을 제외한 금액으로 한다.

(2) 할부 또는 <u>연부(年賦) 계약에 따른 이자상당액</u> 및 연체료. 다만, 법인이 아닌 자가 취득한 경우에는 해당 금액을 제외한 금액으로 한다.

▌참고	
1. 건설자금이자 2. 할부 또는 연부계약에 따른 이자상당액 3. 중개보수	① 개인 × ② 법인 ○

(3) 「농지법」에 따른 농지보전부담금, 「문화예술진흥법」 제9조 제3항에 따른 미술작품의 설치 또는 문화예술진흥기금에 출연하는 금액, 「산지관리법」에 따른 대체산림자원조성비 등 관계 법령에 따라 의무적으로 부담하는 비용

(4) <u>취득에 필요한 용역을 제공받은 대가로 지급하는 용역비·수수료</u>(건축 및 토지조성공사로 수탁자가 취득하는 경우 위탁자가 수탁자에게 지급하는 신탁수수료를 포함한다)

(5) <u>취득대금 외에 당사자의 약정에 따른 취득자 조건 부담액과 채무인수액</u>

(6) 부동산을 취득하는 경우 「주택도시기금법」 제8조에 따라 매입한 국민주택채권을 해당 부동산의 취득 이전에 양도함으로써 발생하는 <u>매각차손.</u> 이 경우 행정안전부령으로 정하는 금융회사 등 외의 자에게 양도한 경우에는 동일한 날에 금융회사 등에 양도하였을 경우 발생하는 매각차손을 한도로 한다.

(7) <u>「공인중개사법」에 따른 공인중개사에게 지급한 중개보수.</u> 다만, 법인이 아닌 자가 취득한 경우에는 해당 금액을 제외한 금액으로 한다.

(8) 붙박이 가구·가전제품 등 건축물에 부착되거나 일체를 이루면서 건축물의 효용을 유지 또는 증대시키기 위한 설비·시설 등의 설치비용

(9) 정원 또는 부속시설물 등을 조성·설치하는 비용

(10) (1)부터 (9)까지의 비용에 준하는 비용

2 사실상 취득가격에 포함하지 않는 것

(1) 취득하는 물건의 판매를 위한 광고선전비 등의 판매비용과 그와 관련한 부대비용

(2) <u>「전기사업법」,「도시가스사업법」,「집단에너지사업법」, 그 밖의 법률에 따라 전기·가스·열 등을 이용하는 자가 분담하는 비용</u>

(3) 이주비, 지장물 보상금 등 취득물건과는 별개의 권리에 관한 보상 성격으로 지급되는 비용

(4) 부가가치세

최근 10개년 기출문제 중 2번 이상 출제한 지문

01 취득대금 외에 당사자의 약정에 따른 취득자 조건 부담액과 채무인수액은 사실상 취득가격에 포함한다. (○)

27회, 29회

06 취득세 세율

표준세율	탄력세율(± 50%)	―	―
중과세율	① 사치성 재산	표준세율 + ⑧%	2%(중과기준세율)의 4배 (100분의 400)
	② 과밀억제권역	표준세율 + 4%	(중복)
	③ 대도시	표준세율 × 3배 ― 4%	표준세율 × 3배
세율의 특례	① 표준세율 ― 2%	―	―
	② 2%	―	―

1 부동산 취득의 표준세율

부동산 취득	표준세율		
① 상속으로 인한 취득	농지	1천분의 23(2.3%)	
	농지 외의 것	1천분의 28(2.8%)	
② 상속 외의 무상취득(증여)	1천분의 35(3.5%) (비영리사업자의 취득은 2.8%)		
	(조정대상지역 내 + 3억원 이상 주택) : 12% 📖 단, 1세대 1주택자가 소유주택을 배우자·직계존비속에게 증여한 경우 3.5% 적용		
③ 원시취득(신축, 재축)	1천분의 28 (2.8%)	건축(신축, 재축 제외) 또는 개수로 인하여 건축물 면적이 증가할 때 그 증가된 부분 포함	
④ 공유물의 분할(본인지분을 초과하는 부분의 경우는 제외)	1천분의 23(2.3%)		
⑤ 합유물 및 총유물의 분할로 인한 취득	1천분의 23(2.3%)		
⑥ 그 밖의 원인으로 인한 취득 (유상승계취득 : 매매, 교환, 현물출자, 합병 등)	농지	1천분의 30(3%)	
	농지 외의 것	1천분의 40(4%)	
⑦ 유상거래를 원인으로 주택을 취득하는 경우	개인	1주택 (1~3%)	㉠ 6억원 이하	1%
			㉡ 6억원 초과 9억원 이하	$(취득당시가액 × \dfrac{2}{3억원} - 3) × \dfrac{1}{100}$
			㉢ 9억원 초과	3%

⑦ 유상거래를 원인으로 주택을 취득하는 경우	개인	―	조정*	비조정
		2주택	8%	1~3%
		3주택	12%	8%
		4주택 이상	12%	12%
	법인			12%
📖 단, 일시적 2주택은 1주택 세율 적용(1~3%) ***조정**: 조정대상지역, **非조정**: 그 外 지역				

2 중과세율

(1) 사치성 재산

[표준세율과 중과기준세율(2%)의 100분의 400을 합한 세율을 적용] ⇨ [표준세율 + 8%]

① 골프장　　　② 고급주택　　　③ 고급오락장　　　④ 고급선박

(2) 과밀억제권역 안 : 서울특별시, 인근 수도권

[표준세율에 1천분의 20(중과기준세율)의 100분의 200을 합한 세율을 적용] ⇨ [표준세율 + 4%]

① 과밀억제권역에서 공장을 신설하거나 증설하기 위하여 사업용 과세물건을 취득하는 경우

② 과밀억제권역에서 법인의 본점·주사무소 사업용 부동산 취득

(3) 대도시 안 : 과밀억제권역(단, 산업단지 제외)

[표준세율의 100분의 300에서 중과기준세율(2%)의 100분의 200을 뺀 세율을 적용] ⇨ [(표준세율 × 3배) − 4%]

① 대도시에서 공장을 신설하거나 증설함에 따라 부동산을 취득하는 경우

② 대도시에서 법인의 설립·설치·전입에 따른 부동산 취득

3 세율의 특례

(1) [표준세율 − 2%]

① 환매등기

② **상속** : 1가구 1주택, 감면대상 농지

③ 법인의 합병

④ 공유물·합유물의 분할(등기부등본상 본인지분을 초과하지 아니함)

⑤ 건축물의 이전(이전한 건축물의 가액이 종전 건축물의 가액을 초과하지 아니함)

⑥ 이혼(재산분할청구)

(2) 2%(중과기준세율)

① 개수(개수로 인하여 건축물 면적이 증가하지 아니함)

　cf 증가된 부분 : 원시취득(2.8%)

② 토지의 지목변경

③ 과점주주의 취득

④ 존속기간이 1년을 초과하는 임시건축물의 취득

4 세율의 적용

(1) 지방자치단체의 장은 조례로 정하는 바에 따라 취득세의 세율을 <u>표준세율의 100분의 50</u>의 범위에서 <u>가감</u>할 수 있다.

(2) 같은 취득물건에 대하여 둘 이상의 세율이 해당되는 경우에는 그중 <u>높은 세율</u>을 적용한다.

　cf 낮은 세율(×)

최근 10개년 기출문제 중 2번 이상 출제한 지문

01 상속으로 건물(주택 아님)을 취득한 경우 취득세 표준세율은 1천분의 28이다. (○)

26회, 30회, 35회

02 상속으로 인한 농지의 취득시 취득세 표준세율은 1천분의 23이다. (○) 26회, 30회, 35회

03 법령으로 정한 비영리사업자의 상속 외의 무상취득시 취득세 표준세율은 1천분의 28이다. (○)

26회, 30회

04 「사회복지사업법」에 따라 설립된 사회복지법인이 독지가의 기부에 의하여 건물을 취득한 경우 취득세 표준세율은 1천분의 28이다. (○)

26회, 30회

05 원시취득의 취득세 표준세율은 1천분의 28이다. (○) 26회, 30회

06 영리법인이 공유수면을 매립하여 농지를 취득한 경우 취득세 표준세율은 1천분의 28이다. (○)

26회, 30회

07 공유물의 분할로 인한 취득시 취득세 표준세율은 1천분의 23이다. (○) 27회, 35회

08 유상거래를 원인으로 농지를 취득한 경우 취득세 표준세율은 1천분의 30이다. (○) 30회, 35회

09 매매로 인한 농지 외의 토지 취득시 취득세 표준세율은 1천분의 19이다. (×) 30회, 35회

10 법인의 합병으로 인한 농지 외의 토지 취득시 취득세 표준세율은 1천분의 40이다. (○)

30회, 35회

11 환매등기를 병행하는 부동산의 매매로서 환매기간 내에 매도자가 환매한 경우의 그 매도자와 매수자의 취득에 대한 취득세는 표준세율에 중과기준세율(1천분의 20)을 합한 세율로 산출한 금액으로 한다. (×)

26회, 28회

07 취득세 부과 · 징수

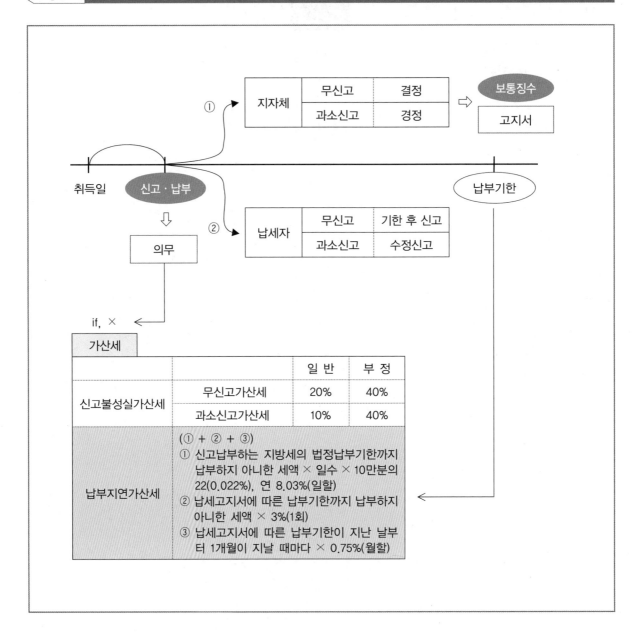

1 **납세지: 취득물건 소재지 관할 특·광·도**(부과·징수: 시장·군수·구청장 ⇨ 위임징수)

> **사례** 甲의 주소지: 서울시 강남구
>
> 서울특별시 종로구 소재 APT 취득
> 1. 귀속: 서울특별시
> 2. 부과·징수: 종로구청(위임징수)

국세(양도세, 종합부동산세)	사람 주소지 관할 세무서		
지방세(취득세, 등록면허세, 재산세)	물건 소재지 관할	특·광·도	취득세
		시·군·구	재산세
		도·구	등록면허세

2 **부과·징수**

(1) 원칙: 신고 및 납부

① 취득한 날부터 60일 이내에 신고·납부

② **상속**: 상속개시일이 속하는 달의 말일부터 6개월(외국에 주소를 둔 상속인이 있는 경우에는 9개월) 이내에 신고·납부

③ **무상취득**(상속은 제외한다: 증여) **또는 증여자의 채무를 인수하는 부담부 증여로 인한 취득의 경우**: 취득일(증여 계약일)이 속하는 달의 말일부터 3개월 이내에 신고·납부

④ **취득한 후 중과세 세율 적용대상이 되었을 경우**: 60일 이내 산출한 세액에서 이미 납부한 세액(가산세는 제외)을 공제하여 신고·납부

> **주의** 60일 이내 신고·납부
>
> ㉠ 일반 세율 ⇨ 중과세 세율
> ㉡ 비과세 ⇨ 부과대상 [임시건축물(모델하우스) ⇨ 1년 초과]
> ㉢ 과세면제 또는 경감 ⇨ 추징대상

⑤ 위의 신고·납부기한 이내에 재산권과 그 밖의 권리의 취득·이전에 관한 사항을 공부에 등기하거나 등록하려는 경우에는 등기 또는 등록 신청서를 등기·등록관서에 접수하는 날까지 취득세를 신고·납부하여야 한다.

(2) 예외: 보통징수

(3) 통보 등

국가, 지방자치단체 또는 지방자치단체조합은 취득세 과세물건을 매각(연부로 매각한 것을 포함한다)하면 매각일부터 30일 이내에 대통령령으로 정하는 바에 따라 그 물건 소재지를 관할하는 지방자치단체의 장에게 통보하거나 신고하여야 한다.

(4) 등기자료의 통보

① 등기·등록관서의 장은 취득세가 납부되지 아니하였거나 납부부족액을 발견하였을 때에는 대통령령으로 정하는 바에 따라 납세지를 관할하는 지방자치단체의 장에게 통보하여야 한다.

② 등기·등록관서의 장은 등기 또는 등록 후에 취득세가 납부되지 아니하였거나 납부부족액을 발견하였을 때에는 다음 달 10일까지 납세지를 관할하는 시장·군수·구청장에게 통보하여야 한다.

3 부족세액의 추징 및 가산세

(1) 신고불성실가산세

① 무신고가산세

㉠ 일반적인 무신고: 20%

㉡ 부정행위로 인한 무신고: 40%

② 과소신고가산세

(부정과소신고분 세액 × 40%) + (일반과소신고분 세액 × 10%)

(2) 납부지연가산세

① 납부기한까지 지방세를 납부하지 아니하거나 납부하여야 할 세액보다 적게 납부('과소납부')하거나 환급받아야 할 세액보다 많이 환급('초과환급')받은 경우

② 납부지연가산세 = ㉠ + ㉡ + ㉢

㉠ 과세표준과 세액을 지방자치단체에 신고납부하는 지방세의 법정납부기한까지 납부하지 아니한 세액 또는 과소납부분 세액(지방세관계법에 따라 가산하여 납부하여야 할 이자상당액이 있는 경우 그 금액을 더한다) × 법정납부기한의 다음 날부터 자진납부일 또는 납세고지일까지의 일수 × 금융회사 등이 연체대출금에 대하여 적용하는 이자율 등을 고려하여 대통령령으로 정하는 이자율(1일 10만분의 22)(납부하지 아니한 세액, 과소납부분 세액의 100분의 75에 해당하는 금액을 한도)

㉡ 납세고지서에 따른 납부기한까지 납부하지 아니한 세액 또는 과소납부분 세액(지방세관계법에 따라 가산하여 납부하여야 할 이자상당액이 있는 경우 그 금액을 더하고, 가산세는 제외한다) × 100분의 3

㉢ 다음 계산식에 따라 납세고지서에 따른 납부기한이 지난 날부터 1개월이 지날 때마다 계산한 금액[60개월(1개월 미만은 없는 것으로 본다)을 초과할 수 없다](납세고지서별·세목별 세액이 30만원 미만인 경우에는 적용하지 아니한다)

납부하지 아니한 세액 또는 과소납부분 세액(지방세관계법에 따라 가산하여 납부하여야 할 이자상당액이 있는 경우 그 금액을 더하고, 가산세는 제외한다) × 금융회사 등이 연체대출금에 대하여 적용하는 이자율 등을 고려하여 대통령령으로 정하는 이자율(0.75%)

(3) 장부 등의 작성과 보존

① 법인은 장부와 관련 증거서류를 작성하여 갖춰 두어야 한다.

② 법인이 장부 등의 작성과 보존 의무 × ⇨ (산출된 세액 × 10%) 가산세

4 중가산세

(1) 납세의무자가 취득세 과세물건을 사실상 취득한 후 <u>신고를 하지 아니하고 매각하는 경우</u>

(2) 중가산세 = 산출세액 × <u>80%</u>

(3) **중가산세에서 제외되는 재산**

① 등기 또는 등록이 필요하지 아니하는 과세물건

② <u>지목변경</u>, 주식 등의 취득 등 취득으로 보는 과세물건

5 기한 후 신고 : 무신고

(1) 법정신고기한까지 과세표준신고서를 제출하지 아니한 자는 지방자치단체의 장이 「지방세법」에 따라 그 지방세의 과세표준과 세액(가산세를 포함)을 결정하여 통지하기 전에는 납기 후의 과세 표준신고서("기한 후 신고서"라 한다)를 제출할 수 있다.

(2) (1)에 따라 기한 후 신고서를 제출한 자로서 지방세관계법에 따라 납부하여야 할 세액이 있는 자는 그 세액을 납부하여야 한다.

(3) 가산세 감면(지방자치단체의 장이 과세표준과 세액을 결정할 것을 미리 알고 기한 후 신고서를 제출한 경우는 제외한다)

감면사유	해당 가산세액의 감면금액
① 법정신고기한이 지난 후 1개월 이내에 기한 후 신고를 한 경우	무신고가산세 × 50% cf 납부지연가산세(감면 ×)
② 법정신고기한이 지난 후 1개월 초과 3개월 이내에 기한 후 신고를 한 경우	무신고가산세 × 30% cf 납부지연가산세(감면 ×)
③ 법정신고기한이 지난 후 3개월 초과 6개월 이내에 기한 후 신고를 한 경우	무신고가산세 × 20% cf 납부지연가산세(감면 ×)

6 면세점 : 취득가액이 50만원 이하

(1) 취득가액이 50만원 이하일 때에는 취득세를 부과하지 아니한다.

(2) 토지나 건축물을 취득한 자가 그 취득한 날부터 1년 이내에 그에 인접한 토지나 건축물을 취득한 경우에는 각각 그 전후의 취득에 관한 토지나 건축물의 취득을 1건의 토지 취득 또는 1구의 건축물 취득으로 보아 (1)을 적용한다.

> **참고** 재산세, 지방소득세
> 1. 소액징수면제
> 2. 고지서 1장당 2천원 미만

7 부가세

(1) 농어촌특별세

① 표준세율을 100분의 2로 적용하여 산출한 취득세액 × 10%

② 「지방세법」 및 「지방세특례제한법」에 따라 감면을 받는 취득세의 감면세액 × 20%

(2) 지방교육세

① 취득물건(세율의 특례 중 중과기준세율 적용 대상은 제외)에 대하여 과세표준에 표준세율에서 1천분의 20을 **뺀** 세율을 적용하여 산출한 금액의 100분의 20

② **유상거래를 원인으로 주택을 취득하는 경우**: 해당 세율에 100분의 50을 곱한 세율을 적용하여 산출한 금액의 100분의 20

사례

1. **취득세[(주택 + 유상)이 아닌 경우]**

구 분	취득세	농어촌특별세	지방교육세
과세표준	100,000,000원	100,000,000원	100,000,000원
× 세율	4%	2%	(4% − 2%) = 2%
= 산출세액	4,000,000원	2,000,000원	2,000,000원
− 세액감면	0원	0원	0원
= 납부세액	4,000,000원	2,000,000원	2,000,000원
−	−	(2,000,000원 × 10%) = 200,000원	(2,000,000 × 20%) = 400,000원

2. **취득세[(주택 + 유상)인 경우]** (무주택자인 개인이 주택을 유상취득하는 경우)

구 분	취득세	농어촌특별세	지방교육세
과세표준	100,000,000원	100,000,000원	100,000,000원
× 세율	1%	2%	$(1\% \times \frac{50}{100}) = 0.5\%$
= 산출세액	1,000,000원	2,000,000원	500,000원
− 세액감면	0원	0원	0원
= 납부세액	1,000,000원	2,000,000원	500,000원
−	−	(2,000,000원 × 10%) = 200,000원	(500,000원 × 20%) = 100,000원

▌ 최근 10개년 기출문제 중 2번 이상 출제한 지문

01 취득세의 징수는 보통징수의 방법으로 한다. (×)
26회, 33회

02 상속으로 취득세 과세물건을 취득한 자는 상속개시일로부터 6개월 이내에 과세표준과 세액을 신고·납부하여야 한다. (×)
31회, 30회

03 상속으로 취득세 과세물건을 취득한 자는 상속개시일부터 60일 이내에 산출한 세액을 신고하고 납부하여야 한다. (×)
31회, 33회

04 취득세 과세물건을 취득한 후에 그 과세물건이 중과세율의 적용대상이 되었을 때에는 중과세율을 적용하여 산출한 세액에서 이미 납부한 세액(가산세 포함)을 공제한 금액을 세액으로 하여 신고·납부하여야 한다. (×)
27회, 31회, 32회, 33회

05 취득세 과세물건을 취득한 후 중과세 대상이 되었을 때에는 표준세율을 적용하여 산출한 세액에서 이미 납부한 세액(가산세 포함)을 공제한 금액을 세액으로 하여 신고·납부하여야 한다. (×)
27회, 31회, 32회, 33회

06 신고·납부기한 이내에 재산권과 그 밖의 권리의 취득·이전에 관한 사항을 공부에 등기하거나 등록(등재 포함)하려는 경우에는 등기 또는 등록 신청서를 등기·등록관서에 접수하는 날까지 취득세를 신고·납부하여야 한다. (○)
27회, 33회

07 취득세 과세물건을 취득한 자가 재산권의 취득에 관한 사항을 등기하는 경우 등기한 후 30일 내에 취득세를 신고·납부하여야 한다. (×)
27회, 33회

08 납세의무자가 토지의 지목을 사실상 변경한 후 산출세액에 대한 신고를 하지 아니하고 그 토지를 매각하는 경우에는 산출세액에 100분의 80을 가산한 금액을 세액으로 하여 징수한다. (×)
31회, 33회

09 지목변경으로 인한 취득세 납세의무자가 신고를 하지 아니하고 매각하는 경우 산출세액에 100분의 80을 가산한 금액을 세액으로 하여 징수한다. (×)
31회, 33회

10 토지를 취득한 자가 그 취득한 날부터 1년 이내에 그에 인접한 토지를 취득한 경우 그 전후의 취득에 관한 토지의 취득을 1건의 토지 취득으로 보아 취득세에 대한 면세점을 적용한다. (○)
26회, 31회, 33회

11 토지를 취득한 자가 취득한 날부터 1년 이내에 그에 인접한 토지를 취득한 경우 그 취득가액이 100만원일 때에는 취득세를 부과하지 아니한다. (×)
26회, 31회, 33회

08 취득세 비과세

1 국가 · 지방자치단체 등의 취득

(1) 모든 취득세 과세대상 : 비과세

(2) 외국정부 : 상호주의

2 귀속 또는 기부채납 : 부동산

(1) 귀속 등의 조건을 이행 × : 과세

(2) 반대급부 : 과세

3 신탁 : 「신탁법」에 따른 신탁으로서 신탁등기가 병행되는 것만 해당

(1) 주택조합 등과 조합원 간의 부동산 취득 : 과세

(2) 주택조합 등의 비조합원용 부동산 취득 : 과세

4 환매권의 행사 : 「징발재산정리에 관한 특별조치법」

5 임시건축물의 취득 : 모델하우스, 공사현장사무소

(1) 존속기간 1년 초과 : 과세(2%)(60일 이내 신고 · 납부)

(2) 사치성 재산 : 기간에 상관없이 과세

6 공동주택의 개수

(1) 시가표준액이 9억원 이하인 공동주택

(2) 「건축법」에 따른 대수선은 제외(과세)

7 상속개시 이전에 천재지변 · 화재 · 교통사고 · 폐차 · 차령초과(車齡超過) 등으로 사용할 수 없게 된 차량

최근 10개년 기출문제 중 2번 이상 출제한 지문

01 대한민국 정부기관의 취득에 대하여 과세하는 외국정부의 취득에 대해서는 취득세를 부과한다.
(○) 32회, 35회

02 지방자치단체에 기부채납을 조건으로 부동산을 취득하는 경우라도 그 반대급부로 기부채납 대상물의 무상사용권을 제공받는 때에는 그 해당 부분에 대해서는 취득세를 부과한다. (○)
28회, 35회

03 국가에 귀속의 반대급부로 영리법인이 국가 소유의 부동산을 무상으로 양여받는 경우에는 취득세를 부과하지 아니한다. (×)
28회, 35회

04 신탁(「신탁법」에 따른 신탁으로서 신탁등기가 병행되는 것만 해당한다)으로 인한 신탁재산의 취득 중 주택조합등과 조합원 간의 부동산 취득에 대해서는 취득세를 부과한다. (○) 29회, 35회

05 「주택법」에 따른 주택조합이 비조합원용 부동산을 취득하는 경우 취득세를 부과한다. (○)
29회, 35회

06 공사현장사무소 등 임시건축물의 취득에 대하여는 그 존속기간에 관계없이 취득세를 부과하지 아니한다. (×)
33회, 35회

07 영리법인이 취득한 임시흥행장의 존속기간이 1년을 초과하는 경우에는 취득세를 부과한다. (○)
33회, 35회

08 「주택법」 제2조 제3호에 따른 공동주택의 개수(「건축법」 제2조 제1항 제9호에 따른 대수선은 제외함)로 인한 취득 중 개수로 인한 취득 당시 「지방세법」 제4조에 따른 주택의 시가표준액이 9억원 이하인 주택과 관련된 개수로 인한 취득에 대해서는 취득세를 부과하지 아니한다. (○)
28회, 30회

① 지방세

(1) **구세**(서울특별시 종로구 소재 ⇨ 종로구청)

(2) **도세**(경기도 광명시 소재 ⇨ 경기도청)

② 확정: 신고 · 납부

▌취득세와 등록면허세

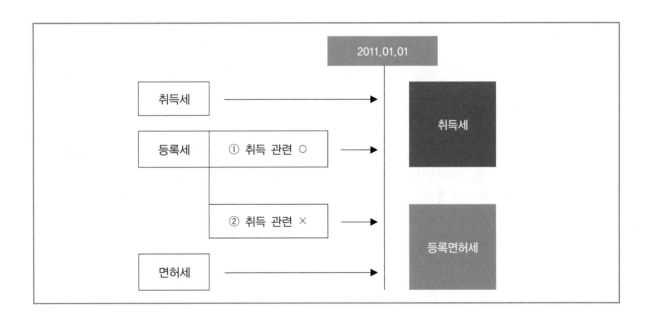

01 등록면허세 납세의무자

1 등록을 하는 자

재산권 기타 권리의 설정·변경 또는 소멸에 관한 사항을 공부에 등기 또는 등록을 받는 등기·등록부상에 기재된 명의자(등기권리자)

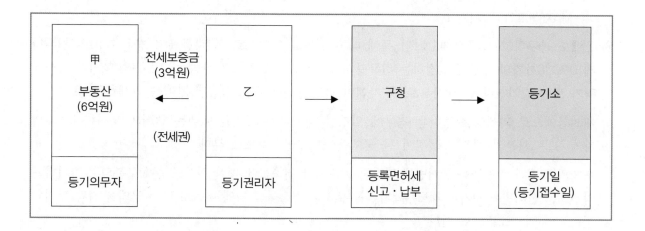

최근 10개년 기출문제 중 2번 이상 출제한 지문

01 재산권 기타 권리의 설정·변경 또는 소멸에 관한 사항을 공부에 등기 또는 등록을 받는 등기·등록부상에 기재된 명의자는 등록면허세를 납부할 의무를 진다. (○) 28회, 29회, 32회

02 甲이 乙소유 부동산에 관해 전세권설정등기를 하는 경우 등록면허세의 납세의무자는 전세권자인 甲이다. (○) 28회, 29회, 32회

03 甲이 乙소유 부동산에 관해 전세권설정등기를 한 후 丙이 甲으로부터 전세권을 이전받아 등기하는 경우라면 등록면허세의 납세의무자는 丙이다. (○) 28회, 29회, 32회

02 등록면허세 과세표준

(1) 부동산, 선박, 항공기, 자동차 및 건설기계의 등록에 대한 등록면허세의 과세표준은 등록 당시의 가액으로 한다.

(2) (1)에 따른 과세표준은 조례로 정하는 바에 따라 등록자의 신고에 따른다. 다만, 신고가 없거나 신고가액이 시가표준액보다 적은 경우에는 시가표준액을 과세표준으로 한다.

⇨ MAX(신고가액, 시가표준액)

(3) (2)에도 불구하고 제23조 제1호 각 목에 따른 취득을 원인으로 하는 등록의 경우 제10조의2부터 제10조의6까지의 규정에서 정하는 취득당시가액을 과세표준으로 한다. 다만, 등록 당시에 자산재평가 또는 감가상각 등의 사유로 그 가액이 달라진 경우에는 변경된 가액을 과세표준으로 한다.

(4) 채권금액으로 과세액을 정하는 경우에 일정한 채권금액이 없을 때에는 채권의 목적이 된 것의 가액 또는 처분의 제한의 목적이 된 금액을 그 채권금액으로 본다.

(5) 주택의 토지와 건축물을 한꺼번에 평가하여 토지나 건축물에 대한 과세표준이 구분되지 아니하는 경우에는 한꺼번에 평가한 개별주택가격을 토지나 건축물의 가액 비율로 나눈 금액을 각각 토지와 건축물의 과세표준으로 한다.

최근 10개년 기출문제 중 2번 이상 출제한 지문

01 부동산 등록에 대한 신고가 없는 경우 취득 당시 시가표준액의 100분의 110을 등록면허세 과세 표준으로 한다. (×) 31회, 34회

02 부동산의 등록에 대한 등록면허세의 과세표준은 등록자가 신고한 당시의 가액으로 하고, 신고가 없거나 신고가액이 시가표준액보다 많은 경우에는 시가표준액으로 한다. (×) 31회, 34회

03 등록 당시에 감가상각의 사유로 그 가액이 달라진 경우 그 가액에 대한 증명여부에 관계없이 변경 전 가액을 등록면허세 과세표준으로 한다. (×) 31회, 34회

04 채권금액으로 과세액을 정하는 경우에 일정한 채권금액이 없을 때에는 채권의 목적이 된 것의 가액 또는 처분의 제한의 목적이 된 금액을 그 채권금액으로 본다. (○) 30회, 33회

03 등록면허세 세율

1 부동산 등기

구 분		과세표준	세 율
① 소유권의 보존등기		부동산가액	1천분의 8(0.8%)
② 소유권 이전등기	유 상	부동산가액	1천분의 20(2%)
	무 상	부동산가액	1천분의 15(1.5%) cf 상속 : 0.8%
③ 소유권 외의 물권과 임차권의 설정 및 이전	지상권	부동산가액	1천분의 2(0.2%)
	저당권	채권금액	1천분의 2(0.2%)
	지역권	요역지가액	1천분의 2(0.2%)
	전세권	전세금액	1천분의 2(0.2%)
	임차권	월임대차금액	1천분의 2(0.2%)
④ 경매신청 · 가압류 · 가처분		채권금액	1천분의 2(0.2%)
⑤ 가등기		부동산가액 또는 채권금액	1천분의 2(0.2%)
⑥ 그 밖의 등기(말소등기, 지목변경, 구조변경 등)		매 1건당	6,000원

📖 세율 적용시 유의사항

1. **최저세액** : 부동산등기(위 ①부터 ⑤)에 대한 등록면허세액이 6천원 미만일 때에는 <u>6천원</u>으로 한다.
2. **세율의 조정** : 지방자치단체의 장은 조례로 정하는 바에 따라 등록면허세의 세율을 부동산등기에 따른 <u>표준세율의 100분의 50</u>의 범위에서 가감할 수 있다.

2 중과세율 : 표준세율의 100분의 300(3배)

📖 대도시 내 법인등기 등(부동산등기 및 법인등기)의 중과세

① **대도시에서 법인의 설립등기**

　　cf 중과세 예외 : 대도시에 설치가 불가피하다고 인정되는 업종(대도시 중과 제외 업종 : 도시형 업종) 예 할부금융업, 은행업

② **대도시 밖의 법인이 대도시로 전입**

　　대도시 밖에 있는 법인의 본점이나 주사무소를 대도시로 전입함에 따른 등기는 법인등기에 대한 세율의 100분의 300을 적용한다.

▌ 최근 10개년 기출문제 중 2번 이상 출제한 지문

01 상속으로 인한 소유권 이전 등기의 등록면허세 세율은 부동산 가액의 1천분의 8이다. (○)

26회, 28회, 31회

02 지역권 설정 및 이전등기의 등록면허세 세율은 요역지 가액의 1천분의 2로 한다. (○) 　28회, 31회

03 전세권설정등기에 대한 등록면허세의 표준세율은 전세금액의 1천분의 2이다. (○)

28회, 29회, 31회, 32회

04 지방자치단체의 장은 조례로 정하는 바에 따라 등록면허세의 세율을 부동산 등기에 따른 표준세율의 100분의 50의 범위에서 가감할 수 있다. (○) 　28회, 31회, 34회

05 지방자치단체의 장은 등록면허세의 세율을 표준세율의 100분의 60의 범위에서 가감할 수 있다. (×)

28회, 31회, 34회

04 등록면허세 부과와 징수

1 납세지 : 부동산 등기 ⇨ 부동산 소재지 cf 주소지(×) ⇨ 등록관청 소재지

(1) 부동산 등기에 대한 등록면허세의 납세지는 부동산 소재지이다.

(2) 같은 등록에 관계되는 재산이 둘 이상의 지방자치단체에 걸쳐 있어 등록면허세를 지방자치단체별로 부과할 수 없을 때에는 등록관청 소재지를 납세지로 한다.

(3) 같은 채권의 담보를 위하여 설정하는 둘 이상의 저당권을 등록하는 경우에는 이를 하나의 등록으로 보아 그 등록에 관계되는 재산을 처음 등록하는 등록관청 소재지를 납세지로 한다.

(4) 납세지가 분명하지 아니한 경우에는 등록관청 소재지를 납세지로 한다.

2 신고 및 납부

(1) **원칙 : 신고 및 납부**

① 등록을 하려는 자는 과세표준에 세율을 적용하여 산출한 세액을 등록을 하기 전까지 납세지를 관할하는 지방자치단체의 장에게 신고하고 납부하여야 한다. 여기서 "등록을 하기 전까지"란 등기 또는 등록 신청서를 등기·등록관서에 접수하는 날까지를 말한다.

② 신고의무를 다하지 아니한 경우에도 등록면허세 산출세액을 등록을 하기 전까지 납부하였을 때에는 신고를 하고 납부한 것으로 본다. 이 경우 무신고가산세 및 과소신고가산세를 부과하지 아니한다(용서).

(2) **예외 : 보통징수**(자진신고를 하지 아니하거나 과소신고 · 납부한 때)

(3) **채권자대위자 신고납부**

① 채권자대위자는 납세의무자를 대위하여 부동산의 등기에 대한 등록면허세를 신고납부할 수 있다. 이 경우 채권자대위자는 행정안전부령으로 정하는 바에 따라 납부확인서를 발급받을 수 있다.

② 지방자치단체의 장은 ①에 따른 채권자대위자의 신고납부가 있는 경우 납세의무자에게 그 사실을 즉시 통보하여야 한다.

③ 가산세

> 참고 취득세의 가산세 내용과 동일

④ 등록면허세 납부 확인 등

납세자는 등기 또는 등록하려는 때에는 등기 또는 등록 신청서에 등록면허세 영수필 통지서(등기·등록관서의 시·군 통보용) 1부와 등록면허세 영수필 확인서 1부를 첨부하여야 한다.

⑤ 부가세

(1) **지방교육세**: 납부하여야 할 등록에 대한 등록면허세액의 100분의 20

(2) **농어촌특별세**: 「지방세법」 및 「지방세특례제한법」에 따라 감면을 받는 등록에 대한 등록면허세의 감면세액에 100분의 20

구 분	① 세액감면 ×	② 세액감면 ○(20% 감면)
산출세액	100,000,000원	100,000,000원
− 세액감면	0원	20,000,000원
= 납부세액	100,000,000원	80,000,000원
지방교육세	(100,000,000원 × 20%) = 20,000,000원	(80,000,000원 × 20%) = 16,000,000원
농어촌특별세	−	(20,000,000원 × 20%) = 4,000,000원
총세액	120,000,000원	100,000,000원

최근 10개년 기출문제 중 2번 이상 출제한 지문

01 부동산 등기에 대한 등록면허세의 납세지는 부동산 소재지이다. (○)

26회, 28회, 29회, 30회, 31회, 33회, 34회

02 부동산 등기에 대한 등록면허세 납세지는 부동산 소유자의 주소지이다. (×)

26회, 28회, 29회, 30회, 31회, 33회, 34회

03 부동산 등기에 대한 등록면허세의 납세지는 부동산 소재지로 하며, 납세지가 분명하지 아니한 경우에는 등록관청 소재지로 한다. (○)   26회, 28회, 29회, 30회, 31회, 33회, 34회

04 같은 채권의 담보를 위하여 설정하는 둘 이상의 저당권을 등록하는 경우에는 이를 하나의 등록으로 보아 그 등록에 관계되는 재산을 처음 등록하는 등록관청 소재지를 납세지로 한다. (○)

26회, 28회, 29회, 30회, 31회, 33회, 34회

05 같은 등록에 관계되는 재산이 둘 이상의 지방자치단체에 걸쳐 있어 등록면허세를 지방자치단체별로 부과할 수 없을 때에는 등록관청 소재지를 납세지로 한다. (○)

26회, 28회, 29회, 30회, 31회, 33회, 34회

06 부동산을 등기하려는 자는 과세표준에 세율을 적용하여 산출한 세액을 등기를 하기 전까지 납세지를 관할하는 지방자치단체의 장에게 신고·납부하여야 한다. (○)   26회, 27회, 30회, 31회

07 등록하려는 자가 신고의무를 다하지 아니하고 등록면허세 산출세액을 등록하기 전까지(신고기한이 있는 경우 신고기한까지) 납부하였을 때에는 신고·납부한 것으로 본다. (○)

26회, 27회, 30회, 31회

08 등록을 하려는 자가 신고의무를 다하지 않은 경우 등록면허세 산출세액을 등록하기 전까지 납부하였을 때에는 신고·납부한 것으로 보지만 무신고 가산세가 부과된다. (×) 26회, 27회, 30회, 31회

09 등록을 하려는 자가 법정신고기한까지 등록면허세 산출세액을 신고하지 않은 경우로서 등록 전까지 그 산출세액을 납부한 때에도 「지방세기본법」에 따른 무신고가산세가 부과된다. (×)

26회, 27회, 30회, 31회

10 채권자대위자는 납세의무자를 대위하여 부동산의 등기에 대한 등록면허세를 신고납부할 수 있다. (○) 33회, 34회

11 지방자치단체의 장은 채권자대위자의 부동산의 등기에 대한 등록면허세 신고납부가 있는 경우 납세의무자에게 그 사실을 즉시 통보하여야 한다. (○)   33회, 34회

05 등록면허세 비과세

(1) 국가, 지방자치단체, 지방자치단체조합, 외국정부 및 주한국제기구가 자기를 위하여 받는 등록 또는 면허에 대하여는 등록면허세를 부과하지 아니한다. 다만, 대한민국 정부기관의 등록 또는 면허에 대하여 과세하는 외국정부의 등록 또는 면허의 경우에는 등록면허세를 부과한다(상호주의).

(2) 다음의 어느 하나에 해당하는 등록 또는 면허에 대하여는 등록면허세를 부과하지 아니한다.

① 「채무자 회생 및 파산에 관한 법률」제6조 제3항, 제25조 제1항부터 제3항까지, 제26조 제1항, 같은 조 제3항, 제27조, 제76조 제4항, 제362조 제3항, 제578조의5 제3항, 제578조의8 제3항 및 제578조의9 제3항에 따른 등기 또는 등록

② 행정구역의 변경, 주민등록번호의 변경, 지적(地籍) 소관청의 지번 변경, 계량단위의 변경, 등록 담당 공무원의 착오 및 이와 유사한 사유로 인한 등록으로서 주소, 성명, 주민등록번호, 지번, 계량단위 등의 단순한 표시변경·회복 또는 경정 등록

③ 그 밖에 지목이 묘지인 토지(무덤과 이에 접속된 부속시설물의 부지로 사용되는 토지로서 지적공부상 지목이 묘지인 토지에 관한 등기)

▌최근 10개년 기출문제 중 2번 이상 출제한 지문

01 등기 담당 공무원의 착오로 인한 지번의 오기에 대한 경정 등기에 대해서는 등록면허세를 부과하지 아니한다. (○)　　　　　　　　　　　　　　　30회, 34회

02 등기 담당 공무원의 착오로 인한 주소 등의 단순한 표시변경 등기에 대해서는 등록면허세를 부과하지 아니한다. (○)　　　　　　　　　　　　　　　30회, 34회

03 무덤과 이에 접속된 부속시설물의 부지로 사용되는 토지로서 지적공부상 지목이 묘지인 토지에 관한 등기에 대하여는 등록면허세를 부과하지 아니한다. (○)　　　　　28회, 31회, 34회

04 지목이 묘지인 토지의 등록에 대하여 등록면허세를 부과한다. (×)　　　　28회, 31회, 34회

Chapter

05

재산세

1 **지방세**(시 · 군 · 구)

2 **확정 : 보통징수**

01 재산세 과세대상

토 지	(이미지)	cf 주택의 부속토지는 제외	① 분리과세대상 : 개별과세 ② 합산과세대상 : 합산과세
건축물	(이미지)	① 건축물 ② 시설물 cf 주택용 건물은 제외	개별과세
주 택	(이미지)	주택용 건물과 부수토지를 통합하여 과세 cf 경계가 명백하지 아니한 경우 : 바닥면적의 10배	개별과세
선 박	–	–	개별과세
항공기	–	–	개별과세

1 **개별과세**[재산세(주택)]

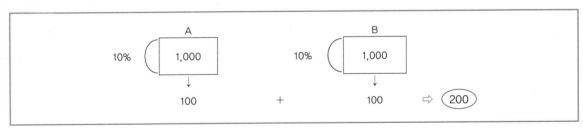

2 **합산과세**[재산세(토지 중 종합합산, 별도합산), 종합부동산세, 양도소득세]

최근 10개년 기출문제 중 2번 이상 출제한 지문

01 주택의 부속토지의 경계가 명백하지 아니한 경우에는 그 주택의 바닥면적의 10배에 해당하는 토지를 주택의 부속토지로 한다. (○)
31회, 33회

02 주택 부속토지의 경계가 명백하지 아니한 경우 그 주택의 바닥면적의 20배에 해당하는 토지를 주택의 부속토지로 한다 (✕)
31회, 33회

03 재산세 과세대상인 건축물의 범위에는 주택을 포함한다. (✕)
31회, 기본

04 주택에 대한 토지와 건물의 소유자가 다를 경우 해당 주택의 토지와 건물의 가액을 합산한 과세표준에 주택의 세율을 적용한다. (○)
27회, 32회, 35회

05 주택의 토지와 건물 소유자가 다를 경우 해당 주택에 대한 세율을 적용할 때 해당 주택의 토지와 건물의 가액을 소유자별로 구분계산한 과세표준에 세율을 적용한다. (✕)
27회, 32회, 35회

06 주택의 토지와 건물 소유자가 다를 경우 해당 주택에 대한 세율을 적용할 때 해당 주택의 토지와 건물의 가액을 합산한 과세표준에 주택의 세율을 적용한다. (○)
27회, 32회, 35회

07 주택에 대한 재산세는 주택별로 표준세율을 적용한다. (○)
26회, 27회, 30회, 32회

08 납세의무자가 해당 지방자치단체 관할구역에 2개 이상의 주택을 소유하고 있는 경우 그 주택의 가액을 모두 합한 금액을 과세표준으로 하여 주택의 세율을 적용한다. (✕)
26회, 27회, 30회, 32회

09 주택에 대한 재산세는 납세의무자별로 해당 지방자치단체의 관할구역에 있는 주택의 과세표준을 합산하여 주택의 세율을 적용한다. (✕)
26회, 27회, 30회, 32회

02 토지의 과세대상 구분

- 고율분리과세 : 사치성 재산(골프장용 토지, 고급오락장용 건축물의 부속토지) ⇨ 4%
- 종합합산과세 : 나대지, 임야 ⇨ 0.2~0.5%(3단계 초과누진세율)
- 별도합산과세 : 일반 영업용 건축물의 부속토지 ⇨ 0.2~0.4%(3단계 초과누진세율)
- 저율분리과세 ┌ 공장용지 ⇨ 0.2%
  └ 농지, 목장용지, 공익목적 임야 ⇨ 0.07%

사례 甲 소유 토지

(1) 경기도 광명시		(2) 강원도 원주시	
나대지 A	농지 A	상가 부속토지 C	나대지 C
상가 부속토지 A	나대지 B	농지 C	상가 부속토지 D
농지 B	상가 부속토지 B	나대지 D	농지 D

① 종합합산 : 시군별 합산과세 (나대지 A + 나대지 B) × (0.2~0.5%)	① 종합합산 : 시군별 합산과세 (나대지 C + 나대지 D) × (0.2~0.5%)
② 별도합산 : 시군별 합산과세 (상가 부속토지 A + 상가 부속토지 B) × (0.2~0.4%)	② 별도합산 : 시군별 합산과세 (상가 부속토지 C + 상가 부속토지 D) × (0.2~0.4%)
③ 분리과세 : 개별과세 (농지 A × 0.07%) + (농지 B × 0.07%)	③ 분리과세 : 개별과세 (농지 C × 0.07%) + (농지 D × 0.07%)

★★★ 재산세 (토지)의 과세대상 구분(① 지목 ⇨ ② 면적 ⇨ ③ 지역)

고율 분리	사치성 재산	4%	① 골프장용 토지(회원제 골프장) ② 고급오락장으로 사용되는 건축물의 부속토지
종합 (합산)	나대지, 임야	0.2 0.5% (3단계 초과 누진세율)	① 위법, 무허가 건축물이 부속토지: 종합 ② 2% 미달 　㉠ 바닥면적: 별도 　㉡ 바닥면적을 제외한 부속토지: 종합
별도 (합산)	일반 영업용 건축물의 부속 토지	0.2~0.4% (3단계 초과 누진세율)	① 일반영업용 건축물의 부속토지 　㉠ 기준면적 이내: 별도　　㉡ 초과: 종합 ② 별도합산 의제 토지 　㉠ 차고용 토지　　　　　㉡ 자동차운전학원용 토지 　㉢ 법인 묘지　　　　　　㉣ 원형이 보전되는 임야
저율 분리	공장 용지	0.2%	① 공장용지 　㉠ 초과: 종합 　㉡ (주거·상업·녹지지역 + 기준면적 이내): 별도 ② 국가의 보호·지원이 필요한 토지(0.2%) 　㉠ 한국토지주택공사　㉡ 염전　　　㉢ 재건축 　㉣ 부동산투자회사　　㉤ 터미널용 토지
	농지, 목장 용지, 공익목적 임야	0.07%	① 농지 　㉠ 경작에 사용 ×: 종합 　㉡ 주거·상업·공업지역: 종합 　㉢ 법인 및 단체 소유농지: 종합 　　📖 저율분리 　　ⓐ 농업법인　　ⓑ 한국농어촌공사　ⓒ 사회복지사업자 　　ⓓ 법인이 매립·간척　ⓔ 종중 ② 목장용지 　㉠ 초과: 종합　　　　　㉡ 주거·상업·공업지역: 종합 ③ 공익목적 임야 　㉠ 각종 법률　　　　　㉡ 종중

■ 최근 10개년 기출문제 중 2번 이상 출제한 지문

01 토지와 주택에 대한 재산세 과세대상은 종합합산과세대상, 별도합산과세대상 및 분리과세대상으로 구분한다. (×)

31회, 기본

02 「자연공원법」에 따라 지정된 공원자연환경지구의 임야는 재산세 분리과세대상 토지이다. (○)

29회, 30회

03 재산세 과세표준

1 토지 · 건축물에 대한 재산세 과세표준(개인 · 법인 동일)

> 시가표준액 × 공정시장가액비율(70%)

cf 토지의 시가표준액 = 개별공시지가

2 주택에 대한 재산세 과세표준(개인 · 법인 동일)

> 시가표준액 × 공정시장가액비율(60%)

cf ① 단독주택의 시가표준액 = 개별주택가격
　　② 공동주택의 시가표준액 = 공동주택가격

cf 다만, 2024년도에 납세의무가 성립하는 재산세의 과세표준을 산정하는 경우 1세대 1주택으로 인정되는 주택(시가표준액이 9억원을 초과하는 주택을 포함한다)에 대해서는 다음 각 목의 구분에 따른다.
　　① **시가표준액이 3억원 이하인 주택**: 시가표준액의 100분의 43
　　② **시가표준액이 3억원을 초과하고 6억원 이하인 주택**: 시가표준액의 100분의 44
　　③ **시가표준액이 6억원을 초과하는 주택**: 시가표준액의 100분의 45

| 참고 | 과세표준상한액

1. 주택의 과세표준이 다음 계산식에 따른 과세표준상한액보다 큰 경우에는 해당 주택의 과세표준은 과세표준상한액으로 한다.
2. 과세표준상한액 = 대통령령으로 정하는 직전 연도 해당 주택의 과세표준 상당액 + (과세기준일 당시 시가표준액으로 산정한 과세표준 × 과세표준상한율)
3. 과세표준상한율 = 소비자물가지수, 주택가격변동률, 지방재정 여건 등을 고려하여 0에서 100분의 5 범위 이내로 대통령령으로 정하는 비율

3 선박 · 항공기에 대한 재산세 과세표준 : 시가표준액

사례

1. **토지에 대한 재산세 과세표준**

   ① 시가(= 시세) : 100,000,000원
   ② 토지의 시가표준액(= 개별공시지가) : 60,000,000원

   📖 **토지에 대한 재산세 과세표준**
   = 시가표준액 × 공정시장가액비율
   = 개별공시지가 × 70%
   = 60,000,000원 × 70% = 42,000,000원

2. **단독주택에 대한 재산세 과세표준**(법령으로 정하는 1세대 1주택이 아님)

   ① 시가(= 시세) : 100,000,000원
   ② 단독주택의 시가표준액(= 개별주택가격) : 60,000,000원

   📖 **단독주택에 대한 재산세 과세표준**
   = 시가표준액 × 공정시장가액비율
   = 개별주택가격 × 60%
   = 60,000,000원 × 60% = 36,000,000원

최근 10개년 기출문제 중 2번 이상 출제한 지문

01 토지에 대한 재산세의 과세표준은 시가표준액에 공정시장가액비율(100분의 70)을 곱하여 산정한 가액으로 한다. (○)　26회, 32회

02 토지에 대한 과세표준은 사실상 취득가격이 증명되는 때에는 장부가액으로 한다. (×)　26회, 32회

03 주택이 아닌 건축물에 대한 과세표준은 건축물 시가표준액에 100분의 70의 공정시장가액비율을 곱하여 산정한다. (○)　26회, 32회

04 상가건물에 대한 재산세는 시가표준액에 법령이 정하는 공정시장가액비율을 곱하여 산정한 가액을 과세표준으로 하여 비례세율을 과세한다. (○)　26회, 32회

05 주택(법령으로 정하는 1세대 1주택 아님)에 대한 과세표준은 주택 시가표준액에 100분의 60의 공정시장가액비율을 곱하여 산정한다. (○)　26회, 30회, 31회, 32회

06 주택(법령으로 정하는 1세대 1주택 아님)의 과세표준은 법령에 따른 시가표준액에 공정시장가액비율(시가표준액의 100분의 60)을 곱하여 산정한 가액으로 한다. (○)　26회, 30회, 31회, 32회

07 주택(법령으로 정하는 1세대 1주택 아님)에 대한 재산세의 과세표준은 시가표준액의 100분의 70으로 한다. (×)　26회, 30회, 31회, 32회

04 재산세 세율

1 세 율

구 분		과세대상	세 율
표준 세율	토 지	고율분리과세: 사치성 재산 (골프장용토지, 고급오락장용 건축물의 부속토지)	1천분의 40(4%)
		종합합산과세: 나대지, 임야 ⇨ 시·군별 합산과세	0.2~0.5% (3단계 초과누진세율)
		별도합산과세: 일반 영업용 건축물의 부속토지 ⇨ 시·군별 합산과세	0.2~0.4% (3단계 초과누진세율)
		저율분리과세 ⇨ 물건별 과세(개별과세)	—
		① 공장용지	1천분의 2(0.2%)
		② 농지(전·답·과수원), 목장용지, 공익목적 임야	1천분의 0.7(0.07%)
	건축물	주택 이외 건축물(상업용, 공장용) ⇨ 물건별 과세	1천분의 2.5(0.25%)
		① 시지역의 주거지역 내 공장용 건축물	1천분의 5(0.5%)
		② 회원제골프장·고급오락장용 건축물	1천분의 40(4%)
	주 택	① 주택 및 부수토지(주택가액 + 토지가액) ⇨ 주택별 과세(개별과세), 고급주택 포함(중과세 ×)	0.1~0.4% (4단계 초과누진세율)
		② 1세대 1주택에 대한 세율 특례 (시가표준액이 9억원 이하인 주택)	0.05~0.35% (4단계 초과누진세율)
	선 박	일반선박	1천분의 3(0.3%)
		고급선박	1천분의 50(5%)
	항공기	—	1천분의 3(0.3%)
중과 세율	건축물	과밀억제권역(산업단지 및 유치지역과 공업지역은 제외)에서 공장 신설·증설에 해당하는 경우 그 건축물	최초의 과세기준일부터 5년간 표준세율(0.25%)의 100분의 500에 해당하는 세율

주의 형광펜

1. 재산세 초과누진세율
2. 종합부동산세 과세대상

2 탄력세율

지방자치단체의 장은 특별한 재정수요나 재해 등의 발생으로 재산세의 세율 조정이 불가피하다고 인정되는 경우 조례로 정하는 바에 따라 표준세율의 100분의 50의 범위 안에서 가감할 수 있다. 다만, 가감한 세율은 해당 연도에만 적용한다. cf 5년간 (×)

▌최근 10개년 기출문제 중 2번 이상 출제한 지문

01 법령이 정한 고급오락장용 토지의 재산세 표준세율은 1천분의 40이다. (○) 26회, 31회

02 종합합산과세대상 토지의 재산세 표준세율은 0.2~0.5% 초과누진세율이다. (○) 27회, 32회

03 별도합산과세대상 토지의 재산세 표준세율은 0.2~0.4% 초과누진세율이다. (○) 27회, 30회, 32회

04 분리과세대상 목장용지의 재산세 표준세율은 0.07% 비례세율이다. (○) 27회, 30회, 32회

05 특별시 지역에서 「국토의 계획 및 이용에 관한 법률」과 그 밖의 관계 법령에 따라 지정된 주거지역 및 해당 지방자치단체의 조례로 정하는 지역의 대통령령으로 정하는 공장용 건축물의 표준세율은 과세표준의 1천분의 50이다. (○) 30회, 34회, 35회

06 특별시 지역에서 「국토의 계획 및 이용에 관한 법률」에 따라 지정된 주거지역의 대통령령으로 정하는 공장용 건축물의 표준세율은 초과누진세율이다. (×) 30회, 34회, 35회

07 주택(법령으로 정하는 1세대 1주택 아님)의 경우 표준세율은 최저 1천분의 1에서 최고 1천분의 4까지 4단계 초과누진세율로 적용한다. (○) 27회, 30회, 32회, 34회

08 지방자치단체의 장은 조례로 정하는 바에 따라 재산세 표준세율의 100분의 50의 범위에서 가감할 수 있으며, 가감한 세율은 해당 연도부터 3년간 적용한다. (×) 31회, 34회

09 지방자치단체의 장은 특별한 재정수요나 재해 등의 발생으로 재산세의 세율 조정이 불가피하다고 인정되는 경우 조례로 정하는 바에 따라 표준세율의 100분의 50의 범위에서 가감할 수 있다. 다만, 가감한 세율은 해당 연도를 포함하여 3년간 적용한다. (×) 31회, 34회

05 재산세 납세의무자

1 원칙 - 사실상 소유자

(1) 재산세 과세기준일(6월 1일) 현재 재산을 사실상 소유하고 있는 자는 재산세를 납부할 의무가 있다.

① **공유재산인 경우**: 그 지분에 해당하는 부분(지분의 표시가 없는 경우에는 지분이 균등한 것으로 본다)에 대해서는 그 지분권자

② **주택의 건물과 부속토지의 소유자가 다를 경우**: 그 주택에 대한 산출세액을 건축물과 그 부속토지의 시가표준액 비율로 안분계산한 부분에 대해서는 그 소유자 **cf** 면적 비율(×)

사례 주택의 건물 소유자(甲)와 부속토지의 소유자(乙)가 다를 경우

> ① 시가(= 시세): 100,000,000원
> ② 개별주택가격(토지 + 건물) = 시가표준액: 80,000,000원
> ③ 건축물의 시가표준액: 20,000,000원
> ④ 토지의 시가표준액(= 개별공시지가): 40,000,000원

1. **재산세 과세표준**
   = 시가표준액 × 공정시장가액비율 = 개별주택가격 × 60%
   = 80,000,000원 × 60% = 48,000,000원

2. **재산세 세율**: 0.1~0.4% 4단계 초과누진세율

3. **산출세액**
   = 과세표준 × 세율 = 48,000,000원 × (0.1~0.4%)
   = 900,000원(가정)

4. **안분**(시가표준액 비율)
   (1) 건축물분 재산세(甲)

   $$= 산출세액 \times \frac{건축물의\ 시가표준액}{건축물의\ 시가표준액 + 토지의\ 시가표준액}$$

   $$= 900,000원 \times \frac{20,000,000원}{20,000,000원 + 40,000,000원} = 300,000원$$

   (2) 토지분 재산세(乙)

   $$= 산출세액 \times \frac{토지의\ 시가표준액}{건축물의\ 시가표준액 + 토지의\ 시가표준액}$$

   $$= 900,000원 \times \frac{40,000,000원}{20,000,000원 + 40,000,000원} = 600,000원$$

---

2 예 외

(1) 공부상 소유자

공부상의 소유자가 매매 등의 사유로 소유권이 변동되었는데도 신고하지 아니하여 사실상의 소유자를 알 수 없을 때

(2) 주된 상속자

상속이 개시된 재산으로서 상속등기가 이행되지 아니하고 사실상의 소유자를 신고하지 아니하였을 때(cf 주된 상속자 : 「민법」상 상속지분이 가장 높은 사람 ⇨ 나이가 가장 많은 사람)

(3) 종중재산의 공부상의 소유자

공부상에 개인 등의 명의로 등재되어 있는 사실상의 종중재산으로서 종중소유임을 신고하지 아니하였을 때

(4) 매수계약자

① 국가, 지방자치단체, 지방자치단체조합과 재산세 과세대상 재산을 연부(年賦)로 매매계약을 체결하고 그 재산의 사용권을 무상으로 받은 경우

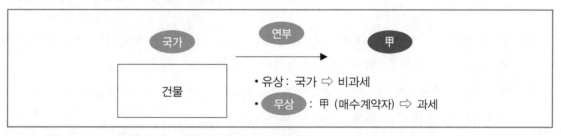

② 국가, 지방자치단체 및 지방자치단체조합이 선수금을 받아 조성하는 매매용 토지로서 사실상 조성이 완료된 토지의 사용권을 무상으로 받은 자가 있는 경우에는 그 자를 매수계약자로 본다.

(5) 위탁자

「신탁법」 제2조에 따른 수탁자의 명의로 등기 또는 등록된 신탁재산의 경우에는 위탁자(「주택법」 제2조 제11호 가목에 따른 지역주택조합 및 같은 호 나목에 따른 직장주택조합이 조합원이 납부한 금전으로 매수하여 소유하고 있는 신탁재산의 경우에는 해당 지역주택조합 및 직장주택조합을 말하며, 이하 "위탁자"라 한다). 이 경우 위탁자가 신탁재산을 소유한 것으로 본다.

(6) 사업시행자

「도시개발법」에 따라 시행하는 환지(換地)방식에 의한 도시개발사업 및 「도시 및 주거환경정비법」에 따른 정비사업(재개발사업만 해당한다)의 시행에 따른 환지계획에서 일정한 토지를 환지로 정하지 아니하고 체비지 또는 보류지로 정한 경우

(7) 사용자

재산세 과세기준일 현재 소유권의 귀속이 분명하지 아니하여 사실상의 소유자를 확인할 수 없는 경우(소송 중, 행방불명)

▌최근 10개년 기출문제 중 2번 이상 출제한 지문

01 공유재산인 경우 그 지분에 해당하는 부분(지분의 표시가 없는 경우에는 지분이 균등한 것으로 봄)에 대해서는 그 지분권자를 재산세 납세의무자로 본다. (○)   26회, 28회

02 상속이 개시된 재산으로서 상속등기가 이행되지 아니하고 사실상의 소유자를 신고하지 아니하였을 경우 행정안전부령으로 정하는 주된 상속자가 재산세 납세의무자이다. (○)   28회, 35회

03 상속이 개시된 재산으로서 상속등기가 이행되지 아니하고 사실상의 소유자를 신고하지 아니하였을 때에는 공동상속인 각자가 받았거나 받을 재산에 따라 납부할 의무를 진다. (×)   28회, 35회

04 공부상에 개인 등의 명의로 등재되어 있는 사실상의 종중재산으로서 종중소유임을 신고하지 아니하였을 때에는 공부상 소유자를 재산세 납세의무자로 본다. (○)   28회, 33회, 35회

05 공부상에 개인 등의 명의로 등재되어 있는 사실상의 종중재산으로서 종중소유임을 신고하지 아니하였을 경우 종중을 재산세 납세의무자로 본다. (×)   28회, 33회, 35회

06 지방자치단체와 재산세 과세대상 재산을 연부(年賦)로 매매계약을 체결하고 그 재산의 사용권을 무상으로 받은 경우 그 매수계약자를 재산세 납세의무자로 본다. (○)   28회, 31회, 35회

07 국가가 선수금을 받아 조성하는 매매용 토지로서 사실상 조성이 완료된 토지의 사용권을 무상으로 받은 자는 재산세를 납부할 의무가 없다. (×)   28회, 31회, 35회

08 「신탁법」 제2조에 따른 수탁자의 명의로 등기 또는 등록된 신탁재산의 경우 위탁자(「주택법」 제2조 제11호 가목에 따른 지역주택조합 및 같은 호 나목에 따른 직장주택조합이 조합원이 납부한 금전으로 매수하여 소유하고 있는 신탁재산의 경우에는 해당 지역주택조합 및 직장주택조합을 말한다)는 재산세를 납부할 의무가 있다. (○)   26회, 29회, 31회

09 「도시 및 주거환경정비법」에 따른 정비사업(재개발사업만 해당한다)의 시행에 따른 환지계획에서 일정한 토지를 환지로 정하지 아니하고 체비지로 정한 경우 사업시행자가 재산세 납세의무자이다. (○)   26회, 35회

10 도시환경정비사업시행에 따른 환지계획에서 일정한 토지를 환지로 정하지 아니하고 체비지로 정한 경우 종전 토지소유자가 재산세 납세의무자이다. (×)   26회, 35회

11 재산세 과세기준일 현재 소유권의 귀속이 분명하지 아니하여 사실상의 소유자를 확인할 수 없는 경우에는 그 사용자가 재산세를 납부할 의무가 있다. (○)   28회, 33회

06 재산세 부과 · 징수

1 과세기준일 및 납기

(1) **과세기준일 : 매년 6월 1일**

(2) **납 기**

① **재산세의 납기**

> ㉠ 토지 : 매년 9월 16일부터 9월 30일까지
>
> ㉡ 건축물 : 매년 7월 16일부터 7월 31일까지
>
> ㉢ 주택 : 해당 연도에 부과 · 징수할 세액의 2분의 1은 매년 7월 16일부터 7월 31일까지, 나머지 2분의 1은 9월 16일부터 9월 30일까지(다만, 해당 연도에 부과할 세액이 20만원 이하인 경우에는 조례로 정하는 바에 따라 납기를 7월 16일부터 7월 31일까지로 하여 한꺼번에 부과 · 징수할 수 있다)
>
> ㉣ 선박 : 매년 7월 16일부터 7월 31일까지
>
> ㉤ 항공기 : 매년 7월 16일부터 7월 31일까지

② ①에도 불구하고 지방자치단체의 장은 과세대상 누락, 위법 또는 착오 등으로 인하여 이미 부과한 세액을 변경하거나 수시부과하여야 할 사유가 발생하면 수시로 부과 · 징수할 수 있다.

2 징수방법 : 보통징수

(1) 재산세는 관할 지방자치단체의 장이 세액을 산정하여 보통징수의 방법으로 부과 · 징수한다.

(2) 재산세를 징수하려면 토지, 건축물, 주택, 선박 및 항공기로 구분한 납세고지서에 과세표준과 세액을 적어 늦어도 납기개시 5일 전까지 발급하여야 한다.

3 물 납

지방자치단체의 장은 재산세의 납부세액이 1천만원을 초과하는 경우에는 납세의무자의 신청을 받아 해당 지방자치단체의 관할구역에 있는 부동산에 대해서만 물납을 허가할 수 있다.

⑴ 물납의 신청 및 허가

① **신청**: 재산세를 물납(物納)하려는 자는 납부기한 10일 전까지 납세지를 관할하는 시장·군수·구청장에게 신청하여야 한다.

② **허가**: 물납신청을 받은 시장·군수·구청장은 신청을 받은 날부터 5일 이내에 납세의무자에게 그 허가 여부를 서면으로 통지하여야 한다.

③ ②에 따라 물납허가를 받은 부동산을 행정안전부령으로 정하는 바에 따라 물납하였을 때에는 납부기한 내에 납부한 것으로 본다.

⑵ 관리·처분이 부적당한 부동산의 처리

① 시장·군수·구청장은 물납신청을 받은 부동산이 관리·처분하기가 부적당하다고 인정되는 경우에는 허가하지 아니할 수 있다.

② 시장·군수·구청장은 ①에 따라 불허가 통지를 받은 납세의무자가 그 통지를 받은 날부터 10일 이내에 해당 시·군·구의 관할구역에 있는 부동산으로서 관리·처분이 가능한 다른 부동산으로 변경 신청하는 경우에는 변경하여 허가할 수 있다.

③ ②에 따라 허가한 부동산을 행정안전부령으로 정하는 바에 따라 물납하였을 때에는 납부기한 내에 납부한 것으로 본다.

⑶ **물납허가 부동산의 평가**: 물납을 허가하는 부동산의 가액은 재산세 과세기준일 현재의 시가로 한다.

4 분할납부

⑴ 지방자치단체의 장은 재산세의 납부세액이 250만원을 초과하는 경우에는 대통령령으로 정하는 바에 따라 납부할 세액의 일부를 납부기한이 지난 날부터 3개월 이내에 분할납부하게 할 수 있다.

⑵ 분할납부세액

① **납부할 세액이 500만원 이하인 경우**: 250만원을 초과하는 금액

② **납부할 세액이 500만원을 초과하는 경우**: 그 세액의 100분의 50 이하의 금액

⑶ 분할납부신청

① 분할납부하려는 자는 재산세의 납부기한까지 행정안전부령으로 정하는 신청서를 시장·군수·구청장에게 제출하여야 한다.

② 시장·군수·구청장은 분할납부신청을 받았을 때에는 이미 고지한 납세고지서를 납부기한 내에 납부하여야 할 납세고지서와 분할납부기간 내에 납부하여야 할 납세고지서로 구분하여 수정 고지하여야 한다.

5 소액 징수면제

고지서 1장당 재산세로 징수할 세액이 2천원 미만인 경우에는 해당 재산세를 징수하지 아니한다.

6 세부담의 상한

해당 재산에 대한 재산세의 산출세액이 직전 연도의 해당 재산에 대한 재산세액 상당액의 100분의 150을 초과하는 경우에는 100분의 150에 해당하는 금액을 해당 연도에 징수할 세액으로 한다. 다만, 주택의 경우에는 적용하지 아니한다.

7 재산세의 부가세 : 지방교육세(재산세액의 20%)

사례 재산세 고지서(건축물)

세 목	납기 내 금액(7월 31일)	납기 후 금액(8월 31일)
재산세	XXX	XXX
도시지역분	XXX	XXX
(소방분)지역자원시설세	XXX	XXX
지방교육세	XXX	XXX
세액합계	XXX	XXX

▌ 최근 10개년 기출문제 중 2번 이상 출제한 지문

01 재산세의 과세기준일은 매년 6월 1일로 한다. (○)   27회, 29회, 31회, 34회

02 토지분 재산세 납기는 매년 9월 16일부터 9월 30일까지이다. (○)   27회, 29회, 31회, 33회

03 **토**지의 징기분 납무세액이 9만원인 경우 조례에 따라 재산세 납기를 7월 16일부터 7월 31일까지로 하여 한꺼번에 부과·징수할 수 있다. (×)   27회, 29회, 31회, 33회

04 건축물에 대한 재산세의 납기는 매년 9월 16일에서 9월 30일이다. (×)   30회, 33회

05 주택에 대한 재산세의 경우 해당 연도에 부과·징수할 세액의 2분의 1은 매년 7월 16일부터 7월 31일까지, 나머지 2분의 1은 9월 16일부터 9월 30일까지를 납기로 한다. 다만, 해당 연도에 부과할 세액이 20만원 이하인 경우에는 조례로 정하는 바에 따라 납기를 9월 16일부터 9월 30일까지로 하여 한꺼번에 부과·징수할 수 있다. (×)   26회, 27회, 29회, 34회, 35회

06 해당 연도에 주택에 부과할 세액이 100만원인 경우 재산세 납기를 7월 16일부터 7월 31일까지로 하여 한꺼번에 부과·징수한다. (×)   26회, 27회, 29회, 34회, 35회

07 주택분 재산세로서 해당 연도에 부과할 세액이 20만원 이하인 경우 9월 30일 납기로 한꺼번에 부과·징수한다. (×)   26회, 27회, 29회, 34회, 35회

08 주택의 재산세 정기분 납부세액이 50만원인 경우 세액의 2분의 1은 7월 16일부터 7월 31일까지, 나머지는 10월 16일부터 10월 31일까지를 납기로 한다. (×)   26회, 27회, 29회, 34회, 35회

09 재산세의 납기에도 불구하고 지방자치단체의 장은 과세대상 누락, 위법 또는 착오 등으로 인하여 이미 부과한 세액을 변경하거나 수시부과하여야 할 사유가 발생하면 수시로 부과·징수할 수 있다. (○)   33회, 35회

10 지방자치단체의 장은 과세대상의 누락으로 이미 부과한 재산세액을 변경하여야 할 사유가 발생하여도 수시로 부과·징수할 수 없다. (×)   33회, 35회

11 재산세는 관할 지방자치단체의 장이 세액을 산정하여 보통징수의 방법으로 부과·징수한다. (○)

26회, 31회, 34회

12 재산세는 관할지방자치단체의 장이 세액을 산정하여 특별징수의 방법으로 부과·징수한다. (×)

26회, 31회, 34회

13 재산세를 징수하려면 토지, 건축물, 주택, 선박 및 항공기로 각각 구분된 납세고지서에 과세표준과 세액을 적어 늦어도 납기개시 5일 전까지 발급하여야 한다. (○)　　26회, 29회, 32회, 34회

14 지방자치단체의 장은 재산세의 납부세액(재산세 도시지역분 포함)이 1천만원을 초과하는 경우에는 납세의무자의 신청을 받아 해당 지방자치단체의 관할구역에 있는 부동산에 대하여만 대통령령으로 정하는 바에 따라 물납을 허가할 수 있다. (○)　　28회, 30회, 35회

15 지방자치단체의 장은 재산세의 납부세액이 1천만원을 초과하는 경우에는 납세의무자의 신청을 받아 해당 지방자치단체의 관할구역에 있는 부동산에 대하여만 대통령령으로 정하는 바에 따라 물납을 허가할 수 있다. (○)　　28회, 30회, 35회

16 서울특별시 강남구와 경기도 성남시에 부동산을 소유하고 있는 자의 성남시 소재 부동산에 대하여 부과된 재산세의 물납은 성남시 내에 소재하는 부동산만 가능하다. (○)　　28회, 30회, 35회

17 물납하려는 자는 행정안전부령으로 정하는 서류를 갖추어 그 납부기한 10일 전까지 납세지를 관할하는 시장·군수·구청장에게 신청하여야 한다. (○)　　28회, 29회

18 시장·군수·구청장은 법령에 따라 불허가 통지를 받은 납세의무자가 그 통지를 받은 날부터 10일 이내에 해당 시·군·구의 관할구역에 있는 부동산으로서 관리·처분이 가능한 다른 부동산으로 변경 신청하는 경우에는 변경하여 허가할 수 있다. (○)　　28회, 35회

19 물납 신청 후 불허가 통지를 받은 경우에 해당 시·군·구의 다른 부동산으로의 변경신청은 허용되지 않으며 금전으로만 납부하여야 한다. (×)　　28회, 35회

20 재산세 물납신청을 받은 시장·군수·구청장이 물납을 허가하는 경우 물납을 허가하는 부동산의 가액은 물납허가일 현재의 시가로 한다. (×)　　32회, 35회

21 물납을 허가하는 부동산의 가액은 물납 허가일 현재의 시가로 한다. (×)　　32회, 35회

22 지방자치단체의 장은 재산세의 납부세액이 250만원을 초과하는 경우 법령에 따라 납부할 세액의 일부를 납부기한이 지난 날부터 3개월 이내에 분납하게 할 수 있다. (○)   27회, 31회

23 지방자치단체의 장은 재산세의 납부할 세액이 500만원 이하인 경우 250만원을 초과하는 금액은 납부기한이 지난 날부터 3개월 이내 분할납부하게 할 수 있다. (○)   27회, 31회

24 고시서 1상당 재산세로 징수할 세액이 2천원 미만인 경우에는 해당 재산세를 징수하지 아니한다. (○) 26회, 34회

07 재산세 비과세

(1) 국가, 지방자치단체, 지방자치단체조합, 외국정부 및 주한국제기구의 소유에 속하는 재산에 대하여는 재산세를 부과하지 아니한다. 다만, 다음의 어느 하나에 해당하는 재산에 대하여는 재산세를 부과한다.

  ① 대한민국 정부기관의 재산에 대하여 과세하는 외국정부의 재산(상호주의)

  ② 매수계약자에게 납세의무가 있는 재산

(2) 국가, 지방자치단체 또는 지방자치단체조합이 1년 이상 공용 또는 공공용으로 사용(1년 이상 사용할 것이 계약서 등에 의하여 입증되는 경우를 포함한다)하는 재산에 대하여는 재산세를 부과하지 아니한다. 다만, 다음의 어느 하나에 해당하는 경우에는 재산세를 부과한다.

  ① 유료로 사용하는 경우

  ② 소유권의 유상이전을 약정한 경우로서 그 재산을 취득하기 전에 미리 사용하는 경우

(3) 다음에 따른 재산(사치성 재산은 제외한다)에 대하여는 재산세를 부과하지 아니한다.

  ① 대통령령으로 정하는 도로·하천·제방·구거·유지 및 묘지

  ② 「산림보호법」에 따른 산림보호구역, 그 밖에 공익상 재산세를 부과하지 아니할 타당한 이유가 있는 것으로서 다음에 해당하는 토지

    ㉠ 「군사기지 및 군사시설 보호법」에 따른 군사기지 및 군사시설 보호구역 중 통제보호구역에 있는 토지. 다만, 전·답·과수원 및 대지는 제외한다.

      ⓐ 제한보호구역 내 임야: 분리과세대상 토지

      ⓑ 통제보호구역 내 임야: 비과세

    ㉡ 「산림보호법」에 따라 지정된 산림보호구역 및 「산림자원의 조성 및 관리에 관한 법률」에 따라 지정된 채종림·시험림

    ㉢ 「자연공원법」에 따른 공원자연보존지구의 임야

      cf 공원자연환경지구 안의 임야: 분리과세대상 토지

    ㉣ 「백두대간 보호에 관한 법률」에 따라 지정된 백두대간보호지역의 임야

  ③ 임시로 사용하기 위하여 건축된 건축물로서 재산세 과세기준일 현재 1년 미만의 것

  ④ 비상재해구조용, 무료도선용, 선교(船橋) 구성용 및 본선에 속하는 전마용(傳馬用) 등으로 사용하는 선박

  ⑤ 행정기관으로부터 철거명령을 받은 건축물 등 재산세를 부과하는 것이 적절하지 아니한 건축물 또는 주택(「건축법」에 따른 건축물 부분으로 한정한다)으로서 재산세를 부과하는 해당 연도에 철거하기로 계획이 확정되어 재산세 과세기준일 현재 행정관청으로부터 철거명령을 받았거나 철거보상계약이 체결된 건축물 또는 주택을 말한다. 이 경우 건축물 또는 주택의 일부분을 철거하는 때에는 그 철거하는 부분으로 한정한다.

최근 10개년 기출문제 중 2번 이상 출제한 지문

01 지방자치단체가 1년 이상 공용으로 사용하는 재산으로서 유료로 사용하는 경우에는 재산세를 부과한다. (○) 32회, 33회

02 지방자치단체가 1년 이상 공용으로 사용하는 재산에 대하여는 소유권의 유상이전을 약정한 경우로서 그 재산을 취득하기 전에 미리 사용하는 경우 재산세를 부과하지 아니한다. (×) 32회, 33회

03 「군사기지 및 군사시설 보호법」에 따른 군사기지 및 군사시설 보호구역 중 통제보호구역에 있는 토지(전·답·과수원 및 대지는 제외)는 재산세 비과세 대상이다. (○) 28회, 30회

04 「군사기지 및 군사시설 보호법」에 따른 군사기지 및 군사시설 보호구역 중 통제보호구역에 있는 전·답은 재산세 비과세 대상에 해당한다. (×) 28회, 30회

01 종합부동산세 특징

1. 국 세
2. 보유과세
3. 합산과세(전국 합산) **cf** 세대별 합산(×) ⇨ 개인별 합산(○)
4. 정부부과제도(신고납세제도 선택)(12월 1일~12월 15일)
5. 과세기준일(매년 6월 1일) = 재산세와 동일

02 재산세와 종합부동산세 비교

재산세 과세대상	재산세 세율		재산세 납기	종합부동산세 과세대상		종합부동산세 납부기간
토 지	고율분리	4%	9월 16일~9월 30일	−	−	12월 1일~ 12월 15일
	종합합산	0.2~0.5%		종합합산	5억원 초과	
	별도합산	0.2~0.4%		별도합산	80억원 초과	
	저율분리	0.2%		−	−	
		0.07%		−	−	−
건축물	0.25%, 0.5%, 4%		7월 16일~7월 31일	−		−
주 택	주택	0.1~0.4%	① $\frac{1}{2}$: 7월 16일~ 7월 31일 ② $\frac{1}{2}$: 9월 16일~ 9월 30일	주택	9억원 초과	12월 1일~ 12월 15일
	1세대 1주택 (시가표준액 9억원 이하)	0.05~0.35%		1세대 1주택자 (단독명의)	12억원 초과	
선 박	−		7월 16일~7월 31일	−		−
항공기	−		7월 16일~7월 31일	−		−

주의 형광펜

1. 재산세 초과누진세율
2. 종합부동산세 과세대상

▌ 종합부동산세 전체 흐름도

1 주 택

(1) 개 인

(공시가격 합산액 − 9억원) × 공정시장가액비율(60%) ⇨ 과세표준 × 세율 ⇨ 산출세액

① 전국 합산 − 재산세

② 소유자별 합산 ⇨ 납부세액

③ 세대별 합산(×)

④ 단독주택: 개별주택가격

⑤ 공동주택: 공동주택가격

⑥ 합산 배제: 등록문화유산에 해당하는 주택

(2) 법 인

(공시가격 합산액 − 0원) × 공정시장가액비율(60%) ⇨ 과세표준 × 세율 ⇨ 산출세액

− 재산세

⇨ 납부세액

2 토 지

(1) 종합합산

(공시가격 합산액 − 5억원) × 공정시장가액비율(100%) ⇨ 과세표준 × 세율 ⇨ 산출세액

① 전국 합산 − 재산세

② 소유자별 합산 ⇨ 납부세액

③ 세대별 합산(×)

④ 토지: 개별공시지가

(2) 별도합산

(공시가격 합산액 − 80억원) × 공정시장가액비율(100%) ⇨ 과세표준 × 세율 ⇨ 산출세액

① 전국 합산 − 재산세

② 소유자별 합산 ⇨ 납부세액

③ 세대별 합산(×)

④ 토지: 개별공시지가

03 주택에 대한 과세

1 납세의무자

과세기준일 현재 주택분 재산세의 납세의무자는 종합부동산세를 납부할 의무가 있다.

2 과세표준

(1) 개 인

（납세의무자별로 주택의 공시가격을 합산한 금액 − 9억원）× 공정시장가액비율(60%)

(2) 개인(1세대 1주택자, 단독명의) cf 부부 공동명의 1주택자: 9월 16일 ~ 9월 30일 신청

（납세의무자별로 주택의 공시가격을 합산한 금액 − 12억원）×공정시장가액비율(60%)

(3) 법 인

（납세의무자별로 주택의 공시가격을 합산한 금액 − 0원）×공정시장가액비율(60%)

3 세율 및 세액

(1) 주택분 종합부동산세액

① 개 인

㉠ 납세의무자가 2주택 이하를 소유한 경우

과세표준	세 율
3억원 이하	1천분의 5(0.5%)
3억원 초과 6억원 이하	150만원 + (3억원을 초과하는 금액의 1천분의 7)
6억원 초과 12억원 이하	360만원 + (6억원을 초과하는 금액의 1천분의 10)
12억원 초과 25억원 이하	960만원 + (12억원을 초과하는 금액의 1천분의 13)
25억원 초과 50억원 이하	2천650만원 + (25억원을 초과하는 금액의 1천분의 15)
50억원 초과 94억원 이하	6천400만원 + (50억원을 초과하는 금액의 1천분의 20)
94억원 초과	1억5천200만원 + (94억원을 초과하는 금액의 1천분의 27)

ⓛ 납세의무자가 3주택 이상을 소유한 경우

과세표준	세 율
3억원 이하	1천분의 5(0.5%)
3억원 초과 6억원 이하	150만원 + (3억원을 초과하는 금액의 1천분의 7)
6억원 초과 12억원 이하	360만원 + (6억원을 초과하는 금액의 1천분의 10)
12억원 초과 25억원 이하	960만원 + (12억원을 초과하는 금액의 1천분의 20)
25억원 초과 50억원 이하	3천560만원 + (25억원을 초과하는 금액의 1천분의 30)
50억원 초과 94억원 이하	1억1천60만원 + (50억원을 초과하는 금액의 1천분의 40)
94억원 초과	2억8천660만원 + (94억원을 초과하는 금액의 1천분의 50)

② 법 인

ㄱ 2주택 이하를 소유한 경우 : 1천분의 27(2.7%)

ㄴ 3주택 이상을 소유한 경우 : 1천분의 50(5%)

(2) 재산세액 공제

① 주택분 과세표준 금액에 대하여 해당 과세대상주택의 주택분 재산세로 부과된 세액

② 가감조정된 세율이 적용된 경우에는 그 세율이 적용된 세액

③ 세부담 상한을 적용받은 경우에는 그 상한을 적용받은 세액

(3) 1세대 1주택에 대한 세액공제(①, ② 공제율 합계 100분의 80의 범위에서 중복 가능)

① 연령 세액공제 : 과세기준일 현재 만 60세 이상인 1세대 1주택자(단독소유)

연 령	공제율
만 60세 이상 65세 미만	100분의 20(20%)
만 65세 이상 70세 미만	100분의 30(30%)
만 70세 이상	100분의 40(40%)

② 장기보유 세액공제 : 1세대 1주택자(단독소유)

보유기간	공제율
5년 이상 10년 미만	100분의 20(20%)
10년 이상 15년 미만	100분의 40(40%)
15년 이상	100분의 50(50%)

(4) 세부담의 상한

① 개인 : 100분의 150

② 법인 : 세부담 상한 없음

04 토지에 대한 과세

1 납세의무자

구 분	납세의무자
① 종합합산과세대상	국내에 소재하는 해당 과세대상 토지의 공시가격을 합한 금액이 <u>5억원을 초과하는 자</u>
② 별도합산과세대상	국내에 소재하는 해당 과세대상 토지의 공시가격을 합한 금액이 <u>80억원을 초과하는 자</u>

2 과세표준

구 분	과세표준
① 종합합산과세대상	(인별 해당 토지의 공시가격을 합산한 금액 − 5억원) × 공정시장가액비율(100%)
② 별도합산과세대상	(인별 해당 토지의 공시가격을 합산한 금액 − 80억원) × 공정시장가액비율(100%)

① 또는 ②의 금액이 '영(0)'보다 작은 경우에는 '영(0)'으로 본다.

3 세율 및 세액

(1) 종합합산대상인 토지

① **토지분 종합합산세액**: 1~3% 3단계 초과누진세율

② 재산세액 공제

(2) 별도합산대상인 토지

① **토지분 별도합산세액**: 0.5~0.7% 3단계 초과누진세율

② 재산세액 공제

(3) 세부담 상한

① **종합합산과세대상인 경우**: 150%

② **별도합산과세대상인 경우**: 150%

> **참고** '토지'에 대한 재산세 세부담 상한
> 1. 종합합산: 150%
> 2. 별도합산: 150%

05 종합부동산세 신고 · 납부 등

1 부과 · 징수 등

(1) 원 칙

① 관할세무서장은 납부하여야 할 종합부동산세의 세액을 결정하여 해당 연도 12월 1일부터 12월 15일("납부기간"이라 한다)까지 부과 · 징수한다.

② 관할세무서장은 종합부동산세를 징수하려면 납부고지서에 주택 및 토지로 구분한 과세표준과 세액을 기재하여 납부기간 개시 5일 전까지 발급하여야 한다.

(2) 예외 : 선택적 신고 · 납부(12월 1일~12월 15일)

① 무신고가산세 : ×

② 과소신고가산세 : ○

③ 납부지연가산세 : ○

2 물납 ⇨ 폐지(2016년 3월 2일)

3 분 납

(1) 납부하여야 할 세액이 250만원을 초과하는 경우

(2) 납부기한이 지난 날부터 6개월 이내

(3) 종합부동산세 분납

구 분	분납할 수 있는 세액
납부하여야 할 세액이 250만원 초과 5백만원 이하인 때	해당 세액에서 250만원을 차감한 금액
납부하여야 할 세액이 5백만원을 초과하는 때	해당 세액의 100분의 50 이하의 금액

4 부가세 : 농어촌특별세(20%)

5 납세지

(1) **개인 또는 법인으로 보지 아니하는 단체**:「**소득세법**」규정을 **준용**(주소지 관할 세무서)

(2) **법인 또는 법인으로 보는 단체**:「**법인세법**」규정을 **준용**(본점·주사무소 소재지)

6 비과세 등

(1) 「지방세특례제한법」 또는 「조세특례제한법」에 의한 재산세의 비과세·과세면제 또는 경감에 관한 규정("재산세의 감면규정"이라 함)은 종합부동산세를 부과하는 경우에 준용한다.

(2) 「지방세특례제한법」에 따른 시·군의 감면조례에 의한 재산세의 감면규정은 종합부동산세를 부과하는 경우에 준용한다.

06 재산세와 종합부동산세 비교

재산세 과세대상	재산세 세율		재산세 납기	종합부동산세 과세대상		종합부동산세 납부기간
토 지	고율분리	4%	9월 16일~9월 30일	−	−	12월 1일~ 12월 15일
	종합합산	0.2~0.5%		종합합산	5억원 초과	
	별도합산	0.2~0.4%		별도합산	80억원 초과	
	저율분리	0.2%		−	−	
		0.07%		−	−	−
건축물	0.25%, 0.5%, 4%		7월 16일~7월 31일	−		−
주 택	주택	0.1~0.4%	① $\frac{1}{2}$: 7월 16일~ 7월 31일 ② $\frac{1}{2}$: 9월 16일~ 9월 30일	주택	9억원 초과	12월 1일~ 12월 15일
	1세대 1주택 (시가표준액 9억원 이하)	0.05~0.35%		1세대 1주택자 (단독명의)	12억원 초과	
선 박	−		7월 16일~7월 31일	−		−
항공기	−		7월 16일~7월 31일	−		−

주의 형광펜

1. 재산세 초과누진세율
2. 종합부동산세 과세대상

1 재산세

2 종합부동산세

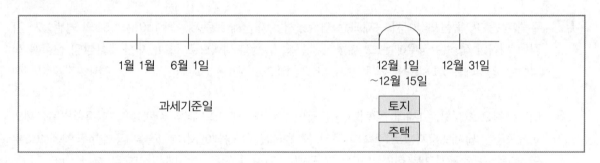

최근 10개년 기출문제 중 2번 이상 출제한 지문

01 공장용 건축물은 종합부동산세의 과세대상자산이 아니다. (○) 26회, 32회

02 상가건물에 대해서는 종합부동산세를 과세하지 아니한다. (○) 26회, 32회

03 재산세 과세대상 중 분리과세대상 토지는 종합부동산세 과세대상이다. (×) 26회, 32회, 35회

04 토지에 대한 종합부동산세는 종합합산과세대상, 별도합산과세대상 그리고 분리과세대상으로 구분하여 과세한다. (×) 26회, 32회, 35회

05 회원제 골프장용 토지(회원제 골프장업의 등록시 구분등록의 대상이 되는 토지)의 공시가격이 100억원인 경우 종합부동산세 과세대상이다. (×) 26회, 32회, 35회

06 법률에 따른 등록문화유산에 해당하는 주택은 과세표준 합산의 대상이 되는 주택의 범위에 포함되지 않는 것으로 본다. (○) 30회, 32회

07 주택분 종합부동산세액에서 공제되는 재산세액은 재산세 표준세율의 100분의 50의 범위에서 가감된 세율이 적용된 경우에는 그 세율이 적용되기 전의 세액으로 하고, 재산세 세부담 상한을 적용받은 경우에는 그 상한을 적용받기 전의 세액으로 한다. (○) 28회, 31회, 32회, 35회

08 대통령령으로 정하는 1세대 1주택자(공동명의 1주택자 제외)의 경우 주택에 대한 종합부동산세의 과세표준은 납세의무자별로 주택의 공시가격을 합산한 금액에서 12억원을 공제한 금액에 100분의 60을 곱한 금액으로 한다. 다만, 그 금액이 영보다 작은 경우에는 영으로 본다. (○) 32회, 34회, 35회

09 1세대 1주택자는 주택의 공시가격을 합산한 금액에서 6억원을 공제한 금액에서 다시 3억원을 공제한 금액에 공정시장가액비율을 곱한 금액을 과세표준으로 한다. (×) 32회, 34회, 35회

10 공동명의 1주택자인 경우 주택에 대한 종합부동산세의 과세표준은 주택의 시가를 합산한 금액에서 11억원을 공제한 금액에 100분의 50을 한도로 공정시장가액비율을 곱한 금액으로 한다. (×) 32회, 34회, 35회

11 주택분 종합부동산세 납세의무자가 1세대 1주택자에 해당하는 경우의 주택분 종합부동산세액 계산시 연령에 따른 세액공제와 보유기간에 따른 세액공제는 공제율 합계 100분의 80의 범위에서 중복하여 적용할 수 있다. (○) 30회, 32회

12 1세대 1주택자에 대하여는 주택분 종합부동산세 산출세액에서 소유자의 연령과 주택 보유기간에 따른 공제액을 공제율 합계 100분의 70의 범위에서 중복하여 공제한다. (×) 30회, 32회

13 과세기준일 현재 토지분 재산세의 납세의무자로서 국내에 소재하는 종합합산과세대상 토지의 공시가격을 합한 금액이 5억원을 초과하는 자는 해당 토지에 대한 종합부동산세를 납부할 의무가 있다. (○) 31회, 35회

14 토지분 재산세의 납세의무자로서 종합합산과세대상 토지의 공시가격을 합한 금액이 5억원인 자는 종합부동산세를 납부할 의무가 있다. (×) 31회, 35회

15 종합합산과세대상인 토지에 대한 종합부동산세의 과세표준은 해당 토지의 공시가격을 합산한 금액에서 5억원을 공제한 금액에 100분의 50을 한도로 공정시장가액비율을 곱한 금액으로 한다. (×) 31회, 35회

16 과세기준일 현재 토지분 재산세의 납세의무자로서 국내에 소재하는 별도합산과세대상 토지의 공시가격을 합한 금액이 80억원을 초과하는 자는 토지에 대한 종합부동산세의 납세의무자이다. (○) 28회, 35회

17 토지분 재산세의 납세의무자로서 별도합산과세대상 토지의 공시가격을 합한 금액이 80억원인 자는 종합부동산세를 납부할 의무가 있다. (×) 28회, 35회

18 별도합산과세대상인 토지의 과세표준 금액에 대하여 해당 과세대상 토지의 토지분 재산세로 부과된 세액(「지방세법」에 따라 가감조정된 세율이 적용된 경우에는 그 세율이 적용된 세액, 같은 법에 따라 세부담 상한을 적용받은 경우에는 그 상한을 적용받은 세액을 말한다)은 토지분 별도합산세액에서 이를 공제한다. (○) 28회, 31회, 32회, 35회

19 종합합산과세대상 토지의 재산세로 부과된 세액이 세부담상한을 적용받는 경우 그 상한을 적용받기 전의 세액을 종합합산과세대상 토지분 종합부동산세액에서 공제한다. (×) 28회, 31회, 32회, 35회

20 별도합산과세대상인 토지의 재산세로 부과된 세액이 세부담 상한을 적용받는 경우 그 상한을 적용받기 전의 세액을 별도합산과세대상 토지분 종합부동산세액에서 공제한다. (×) 28회, 31회, 32회, 35회

21 종합부동산세의 과세기준일은 매년 6월 1일로 한다. (○) 27회, 29회, 31회, 35회

22 과세대상 토지가 매매로 유상이전 되는 경우로서 매매계약서 작성일이 2025년 6월 1일 이고, 잔금지급 및 소유권이전등기일이 2025년 6월 29일인 경우, 종합부동산세의 납세의무자는 매도인이다. (○) 27회, 29회, 31회, 35회

23 거주자 甲이 2024년부터 보유한 3주택(주택 수 계산에서 제외되는 주택은 없음) 중 2주택을 2025.6.17.에 양도하고 동시에 소유권이전등기를 한 경우, 甲의 2025년도 주택분 종합부동산세액은 3주택 이상을 소유한 경우의 세율을 적용하여 계산한다. (○) 27회, 29회, 31회, 35회

24 관할세무서장은 납부하여야 할 종합부동산세의 세액을 결정하여 해당 연도 12월 1일부터 12월 15일까지 부과·징수한다. (○) 28회, 33회, 34회

25 종합부동산세는 부과·징수가 원칙이며 납세의무자의 선택에 의하여 신고납부도 가능하다. (○) 28회, 33회, 34회

26 종합부동산세를 신고납부방식으로 납부하고자 하는 납세의무자는 종합부동산세의 과세표준과 세액을 해당 연도 12월 1일부터 12월 15일까지 관할세무서장에게 신고하여야 한다. (○) 28회, 33회, 34회

27 종합부동산세를 신고납부방식으로 납부하고자 하는 납세의무자는 종합부동산세의 과세표준과 세액을 관할세무서장이 결정하기 전인 해당 연도 11월 16일부터 11월 30일까지 관할세무서장에게 신고하여야 한다. (×) 28회, 33회, 34회

28 관할세무서장은 종합부동산세를 징수하려면 납부고지서에 주택 및 토지로 구분한 과세표준과 세액을 기재하여 납부기간 개시 5일 전까지 발급하여야 한다. (○) 27회, 28회, 31회, 33회

29 관할세무서장이 종합부동산세를 징수하려면 납부기간개시 5일 전까지 주택분과 토지분을 합산한 과세표준과 세액을 납부고지서에 기재하여 발급하여야 한다. (×) 27회, 28회, 31회, 33회

30 관할세무서장은 납부하여야 할 세액이 1천만원을 초과하면 물납을 허가할 수 있다. (×) 27회, 29회, 32회

31 종합부동산세는 물납이 허용되지 않는다. (○) 27회, 29회, 32회

32 종합부동산세의 물납은 허용되지 않는다. (○) 27회, 29회, 32회

33 관할세무서장은 종합부동산세로 납부하여야 할 세액이 400만원인 경우 최대 150만원의 세액을 납부기한이 경과한 날부터 6개월 이내에 분납하게 할 수 있다. (○)　　29회, 30회, 32회, 33회, 34회

34 종합부동산세의 분납은 허용되지 않는다. (×)　　29회, 30회, 32회, 33회, 34회

35 종합부동산세로 납부해야 할 세액이 200만원인 경우 관할세무서장은 그 세액의 일부를 납부기한이 지난 날부터 6개월 이내에 분납하게 할 수 있다. (×)　　29회, 30회, 32회, 33회, 34회

36 관할세무서장은 종합부동산세로 납부하여야 할 세액이 250만원을 초과하는 경우에는 대통령령으로 정하는 바에 따라 그 세액의 일부를 납부기한이 지난 날부터 6개월 이내에 분납하게 할 수 있다. (○)　　29회, 30회, 32회, 33회, 34회

37 납세의무자가 국내에 주소를 두고 있는 개인의 경우 납세지는 주소지이다. (○)　　29회, 31회, 33회

38 종합부동산세의 납세의무자가 비거주자인 개인으로서 국내사업장이 없고 국내원천소득이 발생하지 아니하는 1주택을 소유한 경우 그 주택 소재지를 납세지로 정한다. (○)　　29회, 31회, 33회

39 납세의무자가 법인으로 보지 않는 단체인 경우 주택에 대한 종합부동산세 납세지는 해당 주택의 소재지로 한다. (×)　　29회, 31회, 33회

조세총론

01 과세주체(과세권자)에 따른 분류

🔳 내가 낸 세금 어디로 귀속되는가?

조세 (세금)	국 세	−	종합부동산세, 소득세(양도소득세)
	지방세	도세(특별시 · 광역시 · 도)	취득세
		시 · 군세(시 · 군 · 구)	재산세

주의 등록면허세 : 도세, 구세

1. 도 : 도청
2. 특별시 · 광역시 : 구청

사례 甲의 주소지 : 서울시 강남구

1. **서울특별시 종로구 소재 APT 취득** : 취득세(서울특별시), 재산세(종로구), 등록면허세(종로구청)
2. **부산광역시 해운대구 소재 토지 취득** : 취득세(부산광역시), 재산세(해운대구), 등록면허세(해운대구청)
3. **경기도 광명시 소재 상가건물 취득** : 취득세(경기도), 재산세(광명시), 등록면허세(경기도청)
4. **경기도 연천군 소재 토지 취득** : 취득세(경기도), 재산세(연천군), 등록면허세(경기도청)

구 분	특별시 · 광역시		도	
	특별시세 · 광역시세	구 세	도 세	시 · 군세
보통세	취득세	–	취득세	–
	–	등록면허세	등록면허세	–
	지방소비세	–	지방소비세	–
	주민세	–	–	주민세
	지방소득세	–	–	지방소득세
	–	재산세	–	재산세
목적세	지역자원시설세	–	지역자원시설세	–
	지방교육세	–	지방교육세	–

📝 **목적세**(특정 용도에 사용) ↔ **보통세**(일반 경비에 사용)

국 세	교육세, 교통 · 에너지 · 환경세, 농어촌특별세
지방세	지역자원시설세, 지방교육세

02 납세의무의 성립·확정·소멸

1 납세의무의 성립시기 : 추상적

(1) 국세의 납세의무 성립시기(본세 = 부가세)

① 소득세	과세기간이 끝나는 때 = 지방소득세 성립시기
② 종합부동산세	과세기준일 (매년 6월 1일) = 농어촌특별세 성립시기

(2) 지방세의 납세의무 성립시기(본세 = 부가세)

① 취득세	과세물건을 취득하는 때
② 등록면허세	재산권과 그 밖의 권리를 등기하거나 등록하는 때
③ 재산세	과세기준일 (매년 6월 1일) = 지방교육세 성립시기

2 납세의무의 확정 : 구체적

과세권자 (= 과세관청)	국 세	정부부과제도	종합부동산세(원칙)
	지방세	보통징수	재산세

↓↑

납세자	국 세	신고납세제도	소득세(양도소득세), 종합부동산세(선택)
	지방세	신고·납부	취득세, 등록면허세

> **용어**
>
> **1. 신고·납부**
>
> 납세의무자가 그 납부할 지방세의 과세표준과 세액을 신고하고, 신고한 세금을 납부하는 것을 말한다(「지방세기본법」 제2조 제1항 제16호).
>
> **2. 보통징수**
>
> 세무공무원이 납세고지서를 납세자에게 발급하여 지방세를 징수하는 것을 말한다(「지방세기본법」 제2조 제1항 제19호).
>
> **3. 특별징수**
>
> 지방세를 징수할 때 편의상 징수할 여건이 좋은 자로 하여금 징수하게 하고 그 징수한 세금을 납부하게 하는 것을 말한다(「지방세기본법」 제2조 제1항 제20호).
>
> **사례**
>
> | 이 자 | 1,000,000원 | |
> |---|---|---|
> | 소득세(14%) | 140,000원 | 국세(원천징수) |
> | 지방소득세(1.4%) | 14,000원 | 지방세(특별징수) |
> | | 846,000원 | |

3 납부의무의 소멸 cf 납세자의 사망 ×

① 납부	세액을 국고에 납입하는 것
② 충당	납부할 국세 등과 국세환급금을 상계, 공매대금으로 체납액에 충당
③ 부과가 취소된 때	부과철회 ✕
④ 부과할 수 있는 기간에 부과되지 아니하고 그 기간이 끝난 때 (제척기간 만료)	㉠ 국세 부과의 제척기간 　ⓐ 상속세와 증여세 : 10년, 15년 　ⓑ 일반적인 세목(상속세와 증여세 이외) : 5년, 7년(무신고), 10년(사기) ㉡ 지방세 부과의 제척기간 : 5년, 7년(무신고), 10년(사기)
⑤ 징수권의 소멸시효가 완성된 때	㉠ 국세 소멸시효 　ⓐ 5억원 이상의 국세 : 10년 　ⓑ ⓐ 외의 국세 : 5년 ㉡ 지방세 소멸시효 : 5년 　ⓐ 5천만원 이상의 지방세 : 10년 　ⓑ ⓐ 외의 지방세 : 5년

용어

1. **부과** : 지방자치단체의 장이 「지방세기본법」 또는 지방세관계법에 따라 납세의무자에게 지방세를 부담하게 하는 것을 말한다(「지방세기본법」 제2조 제1항 제17호).

2. **부과권** : 세금을 계산할 수 있는 권리

3. **제척기간** : 권리를 행사할 수 있는 기간

4. **징수** : 지방자치단체의 장이 「지방세기본법」 또는 지방세관계법에 따라 납세자로부터 지방자치단체의 징수금을 거두어들이는 것을 말한다(「지방세기본법」 제2조 제1항 제18호).

5. **징수권** : 세금을 강제적으로 거두어 들일 수 있는 권리

6. **소멸시효** : 채권을 청구할 수 있는 기간

7. **시효** : 어떤 사실 상태가 일정한 기간 동안 계속되는 일

최근 10개년 기출문제 중 2번 이상 출제한 지문

01 종합부동산세를 신고납부방식으로 납부하고자 하는 경우 과세표준과 세액을 해당 연도 12월 1일부터 12월 15일까지 관할 세무서장에게 신고하는 때에 종합부동산세 납세의무는 확정된다. (○)

28회, 32회, 33회, 34회

02 양도소득세의 예정신고만으로 甲의 양도소득세 납세의무가 확정되지 아니한다. (×) 32회, 33회

03 양도소득세 납세의무의 확정은 납세의무자의 신고에 의하지 않고 관할세무서장의 결정에 의한다. (×) 32회, 33회

04 지방세부과의 제척기간이 만료되었을 때 「지방세기본법」상 지방자치단체의 징수금을 납부할 의무가 소멸된다. (○) 26회, 28회, 29회, 32회, 34회

05 납세자가 법정신고기한까지 과세표준신고서를 제출하지 아니한 경우(역외거래 제외)에는 해당 국세를 부과할 수 있는 날부터 10년을 부과제척기간으로 한다. (×) 26회, 28회, 29회, 32회, 34회

06 납세자가 「조세범 처벌법」에 따른 사기나 그 밖의 부정한 행위로 종합소득세를 포탈하는 경우(역외거래 제외) 그 국세를 부과할 수 있는 날부터 15년을 부과제척기간으로 한다. (×)

26회, 28회, 29회, 32회, 34회

07 납세자에게 부정행위가 없으며 특례제척기간에 해당하지 않는 경우, 원칙적으로 납세의무 성립일부터 5년이 지나면 종합부동산세를 부과할 수 없다. (○) 28회, 29회, 32회, 34회

08 납세자에게 부정행위가 없으며 특례제척기간에 해당하지 않는 경우 원칙적으로 납세의무 성립일부터 3년이 지나면 종합부동산세를 부과할 수 없다. (×) 28회, 29회, 32회, 34회

09 종합부동산세의 경우 부과제척기간의 기산일은 과세표준과 세액에 대한 신고기한의 다음 날이다. (×) 28회, 29회, 32회, 34회

10 지방세징수권의 소멸시효가 완성되었을 때 「지방세기본법」상 지방자치단체의 징수금을 납부할 의무가 소멸된다. (○) 28회, 35회

03 조세(국세·지방세)와 다른 채권의 관계

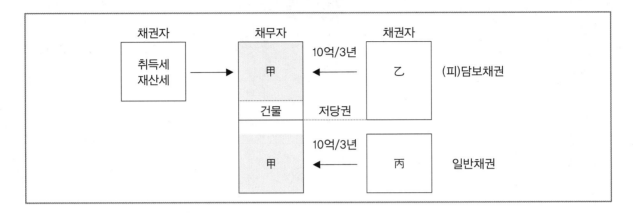

1 조세(국세·지방세)와 피담보채권의 우선관계

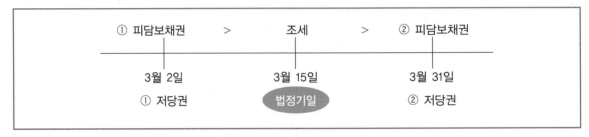

① 담보물권 설정 후 조세의 법정기일 도래 : 피담보채권 > 조세
② 조세의 법정기일 도래 후 담보물권 설정 : 조세 > 피담보채권

2 다만, "그 재산에 대하여 부과된 조세"는 언제나 조세가 우선한다.
= 법정기일 전에 설정된 **피담보채권보다 우선하는 조세** = 당해세

(1) **국세 :** 상속세, 증여세, 종합부동산세
(2) **지방세 : 재산세, 지역자원시설세**(소방분에 대한 지역자원시설세만 해당한다), **지방교육세**(재산세와 자동차세에 부가되는 지방교육세만 해당한다)

사례 재산세 고지서(건축물)

세 목	납기 내 금액(7월 31일)	납기 후 금액(8월 31일)
재산세	XXX	XXX
도시지역분	XXX	XXX
(소방분)지역자원시설세	XXX	XXX
지방교육세	XXX	XXX
세액합계	XXX	XXX

04 본세와 부가세

1 본세와 부가세

독립세(본세)	부가세 및 세율 납부세액	본세 감면시 감면세액
양도소득세	—	농어촌특별세 20%
종합부동산세	농어촌특별세 20%	—
취득세	① 농어촌특별세 10% ② 지방교육세 20%	농어촌특별세 20%
등록면허세	지방교육세 20%	농어촌특별세 20%
재산세	지방교육세 20%	—

사례

1. 양도소득세의 부가세

구 분	① 세액감면 ×	② 세액감면 ○ (20% 감면)
산출세액	100,000,000원	100,000,000원
− 세액감면	0원	20,000,000원
= 납부세액	100,000,000원	80,000,000원
농어촌특별세	—	(20,000,000원 × 20%) = 4,000,000원
총세액	100,000,000원	84,000,000원

2. 등록면허세의 부가세

구 분	① 세액감면 ×	② 세액감면 ○ (20% 감면)
산출세액	100,000,000원	100,000,000원
− 세액감면	0원	20,000,000원
= 납부세액	100,000,000원	80,000,000원
지방교육세	(100,000,000원 × 20%) = 20,000,000원	(80,000,000원 × 20%) = 16,000,000원
농어촌특별세	—	(20,000,000원 × 20%) = 4,000,000원
총세액	120,000,000원	100,000,000원

② 취득세의 부가세

(1) 농어촌특별세

① 표준세율을 100분의 2로 적용하여 산출한 취득세액 × 10%

② 「지방세법」 및 「지방세특례제한법」에 따라 감면을 받는 취득세의 감면세액 × 20%

(2) 지방교육세

① 취득물건(세율의 특례 중 중과기준세율 적용 대상은 제외)에 대하여 과세표준에 표준세율에서 1천분의 20을 뺀 세율을 적용하여 산출한 금액의 100분의 20

② **유상거래를 원인으로 주택을 취득하는 경우**: 해당 세율에 100분의 50을 곱한 세율을 적용하여 산출한 금액의 100분의 20

사례

1. **취득세[(주택 + 유상)이 아닌 경우]**

구 분	취득세	농어촌특별세	지방교육세
과세표준	100,000,000원	100,000,000원	100,000,000원
×세 율	4%	2%	(4% − 2%) = 2%
= 산출세액	4,000,000원	2,000,000원	2,000,000원
− 세액감면	0원	0원	0원
= 납부세액	4,000,000원	2,000,000원	2,000,000원
−	−	(2,000,000원 × 10%) = 200,000원	(2,000,000원 × 20%) = 400,000원

2. **취득세[(주택 + 유상)인 경우]** (무주택자인 개인이 주택을 유상 취득하는 경우)

구 분	취득세	농어촌특별세	지방교육세
과세표준	100,000,000원	100,000,000원	100,000,000원
×세 율	1%	2%	$(1\% \times \frac{50}{100}) = 0.5\%$
= 산출세액	1,000,000원	2,000,000원	500,000원
− 세액감면	0원	0원	0원
= 납부세액	1,000,000원	2,000,000원	500,000원
−	−	(2,000,000원 × 10%) = 200,000원	(500,000원 × 20%) = 100,000원

05 거래 단계별 조세

취 득	보 유	양 도
취득세 ① 농어촌특별세(10%, 20%) ② 지방교육세(20%)	재산세 지방교육세(20%)	양도소득세 농어촌특별세(20%)
등록면허세 ① 지방교육세(20%) ② 농어촌특별세(20%)	종합부동산세 농어촌특별세(20%)	—
농어촌특별세	농어촌특별세	농어촌특별세
부가가치세	부가가치세	부가가치세
인지세(국세)	—	인지세(국세)
상속세	—	—
증여세	—	—
—	종합소득세 (부동산임대업)	종합소득세 (부동산매매업)
—	지방소득세(독립세) (부동산임대업)	지방소득세(독립세) (부동산매매업, 양도)

주의

1. 지방교육세 : 취득 · 보유
2. 취득 · 보유 · 양도 : 농 · 부

06 물납과 분납

구 분	취득세	등록면허세	재산세	종합부동산세	종합소득세	양도소득세
물 납	×	×	○ (관할구역, 부동산)	×	×	×
분 납	×	×	○ (3개월)	○ (6개월)	○ (2개월)	○ (2개월)

사례 재산세 고지서(건축물)

세 목	납기 내 금액(7월 31일)	납기 후 금액(8월 31일)
재산세	XXX	XXX
도시지역분	XXX	XXX
(소방분)지역자원시설세	XXX	XXX
지방교육세	XXX	XXX
세액합계	XXX	XXX

07 불 복

1 국세의 불복 : 행정심판 전치주의 고수

📊 국세 불복절차의 개요

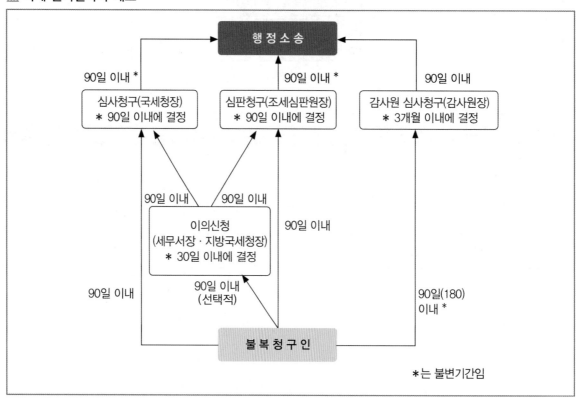

2 지방세의 불복 : 행정심판 전치주의 재도입(시·도 심사청구제도 폐지)

📊 지방세 불복절차의 개요

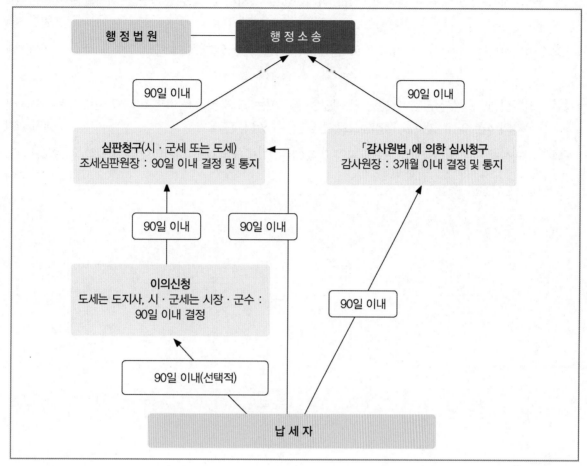

최근 10개년 기출문제 중 2번 이상 출제한 지문

01 지방세에 관한 불복시 불복청구인은 이의신청을 거치지 않고 심판청구를 제기할 수 없다. (×)

26회, 33회

02 이의신청을 거치지 아니하고 바로 심판청구를 할 수는 없다. (×)

26회, 33회

03 이의신청인은 신청금액이 2천만원 미만인 경우에는 그의 배우자, 4촌 이내의 혈족 또는 그의 배우자의 4촌 이내 혈족을 대리인으로 선임할 수 있다. (○)

30회, 33회

04 이의신청인은 신청금액이 8백만원인 경우에는 그의 배우자를 대리인으로 선임할 수 있다. (○)

30회, 33회

08   조세 관련 용어

1. "법정신고기한"이란 「지방세징수법」 또는 지방세관계법에 따라 과세표준 신고서를 제출할 기한을 말한다(「지방세기본법」 제2조 제1항 제9호).

2. "세무공무원"이란 지방자치단체의 장 또는 지방세의 부과·징수 등에 관한 사무를 위임받은 공무원을 말한다(「지방세기본법」 제2조 제1항 제10호).

3. "납세의무자"란 「지방세법」에 따라 지방세를 납부할 의무(지방세를 특별징수하여 납부할 의무는 제외한다)가 있는 자를 말한다(「지방세기본법」 제2조 제1항 제11호).

4. "납세자"란 납세의무자(연대납세의무자와 제2차 납세의무자 및 보증인을 포함한다)와 특별징수의무자를 말한다(「지방세기본법」 제2조 제1항 제12호).

5. "신고·납부"란 납세의무자가 그 납부할 지방세의 과세표준과 세액을 신고하고, 신고한 세금을 납부하는 것을 말한다(「지방세기본법」 제2조 제1항 제16호).

6. "보통징수"란 세무공무원이 납세고지서를 납세자에게 발급하여 지방세를 징수하는 것을 말한다(「지방세기본법」 제2조 제1항 제19호).

7. "가산세"란 「지방세기본법」 또는 지방세관계법에서 규정하는 의무를 성실하게 이행하도록 하기 위하여 의무를 이행하지 아니할 경우에 「지방세기본법」 또는 지방세관계법에 따라 산출한 세액에 가산하여 징수하는 금액을 말한다(「지방세기본법」 제2조 제1항 제23호).

8. "체납처분비"란 「지방세징수법」 제3장의 체납처분에 관한 규정에 따른 재산의 압류·보관·운반과 매각에 드는 비용(매각을 대행시키는 경우 그 수수료를 포함한다)을 말한다(「지방세기본법」 제2조 제1항 제25호).

9. "지방자치단체의 징수금"이란 지방세 및 체납처분비를 말한다(「지방세기본법」 제2조 제1항 제22호).

10.
> **지방세법 제4조【부동산 등의 시가표준액】** ① 이 법에서 적용하는 토지 및 주택에 대한 시가표준액은 「부동산 가격공시에 관한 법률」에 따라 공시된 가액(가액)으로 한다. 다만, 개별공시지가 또는 개별주택가격이 공시되지 아니한 경우에는 특별자치시장·특별자치도지사·시장·군수 또는 구청장(자치구의 구청장을 말한다)이 같은 법에 따라 국토교통부장관이 제공한 토지가격비준표 또는 주택가격비준표를 사용하여 산정한 가액으로 하고, 공동주택가격이 공시되지 아니한 경우에는 대통령령으로 정하는 기준에 따라 특별자치시장·특별자치도지사·시장·군수 또는 구청장이 산정한 가액으로 한다.

제36회 공인중개사 시험대비 **전면개정판**

2025 박문각 공인중개사
정석진 필수서 2차 부동산세법

초판인쇄 | 2025. 2. 1. **초판발행** | 2025. 2. 5. **편저** | 정석진 편저

발행인 | 박 용 **발행처** | (주)박문각출판 **등록** | 2015년 4월 29일 제2019-000137호

주소 | 06654 서울시 서초구 효령로 283 서경빌딩 4층 **팩스** | (02)584-2927

전화 | 교재 주문 (02)6466-7202, 동영상문의 (02)6466-7201

저자와의
협의하에
인지생략

정가 20,000원
ISBN 979-11-7262-571-9